Dieter S. Lutz/Norman Paech/Sebastian Scheerer u.a.
Zukunft des Terrorismus und des Friedens

D1986727

Dorothee Bittscheidt ist Präsidentin der HWP – Hamburger Universität für Wirtschaft und Politik.
Dieter S. Lutz ist Direktor des Instituts für Friedensforschung und Sicherheitspolitik an der Universität Hamburg.
Norman Paech ist Professor für öffentliches Recht an der Hamburger Universität für Wirtschaft und Politik (HWP).
Fritz Sack ist Kriminologe an der Universität Hamburg.
Sebastian Scheerer ist Kriminologe an der Universität Hamburg.
Udo Steinbach ist Islamwissenschaftler, Leiter des deutschen Orientinstituts in Hamburg.

Dieter S. Lutz/Norman Paech/
Sebastian Scheerer u.a.

Zukunft des Terrorismus und des Friedens

Menschenrechte – Gewalt – Offene Gesellschaft

VSA-Verlag Hamburg

www.vsa-verlag.de

© VSA-Verlag 2002, St. Georgs Kirchhof 6, 20099 Hamburg
Alle Rechte vorbehalten
Druck- und Buchbindearbeiten: Idee, Satz & Druck, Hamburg
ISBN 3-87975-850-6

Dieter S. Lutz/Norman Paech/
Sebastian Scheerer u.a.

Zukunft des Terrorismus und des Friedens

Menschenrechte – Gewalt – Offene Gesellschaft

VSA-Verlag Hamburg

www.vsa-verlag.de

© VSA-Verlag 2002, St. Georgs Kirchhof 6, 20099 Hamburg
Alle Rechte vorbehalten
Druck- und Buchbindearbeiten: Idee, Satz & Druck, Hamburg
ISBN 3-87975-850-6

Inhalt

Dorothee Bittscheidt

Der 11. September und die Folgen

Unsere Gesellschaft ist offen – für Konflikte und Auseinandersetzungen. Ohne diese Offenheit kann ihre Dynamik nicht auskommen. Das bleibt allerdings nicht ohne soziale Reaktionen – nicht ohne Reaktionen der Starken, nicht ohne Reaktionen der Schwachen. Das macht die offene Gesellschaft verwundbar. Am 11. September 2001 erfuhr dieses Problem seine dramatische Zuspitzung. Reflektieren wir dieses Drama, drängt sich als Quintessenz auf: Gegen die verschiedenen Formen des Terrors werden wir zukünftig nicht gefeit sein. Daher muss dem Frieden eine Zukunft geschaffen werden.

Der Hochschulsenat und die Hochschulleitung der HWP – Hamburger Universität für Wirtschaft und Politik hatten im September 2001 den Beschluss gefasst, sich mit den Attentaten des 11. September und den bereits kurz danach angekündigten und eingetretenen Konsequenzen als Hochschule in öffentlichen Diskussionen mit wissenschaftlichen Beiträgen von Expertinnen und Experten zu befassen. In einer Vorbereitungsgruppe wurde die Veranstaltungsreihe »Der 11. September und die Folgen« konzipiert, die im Zeitraum vom 24.10.2001 bis zum 31.1.2002 in den Räumen der HWP stattfand. Neben den in diesem Buch dokumentierten Vorträgen wurden vom AStA der HWP weitere Veranstaltungen durchgeführt.

Prof. Dr. Sebastian Scheerer analysiert in seinem Beitrag, was unter Terrorismus heute – in der Politik, in den Medien, in der wissenschaftlichen Analyse – verstanden wird. Er fragt danach, ob es sich beim Terrorismus um ein Instrument solcher Gruppierungen handelt, die im politischen Kräftefeld unterlegen sind. Ist der Terror also ein Instrument der Schwachen? Oder: Ist Terrorismus nicht auch ein Instrument von Staatlichkeit – ein Instrument, das wir zur Politik zählen müssen? Schließlich regt Scheerer die Diskussion darüber an, wie die Zukunft des Terrorismus einzuschätzen ist. Sebastian Scheerer ist Jurist, habilitiert in Soziologie und ein durch zahlreiche Veröffentlichungen ausgewiesener Kriminologe. Er ist heute Direktor des Instituts für Kriminologische Sozialforschung an der Universität Hamburg.

Schon kurz nach dem 11. September kündigte der Präsident der USA an, die Anstifter, Helfer und Helfershelfer der Attentäter, wenn nötig, mit Krieg bekämpfen zu wollen. Amerika führt derzeit diesen Krieg gegen Afghanistan. Nicht nur das Verbrechen, die Anschläge in New York und Washington, sondern auch die Dimension staatlichen Strafens hat als Kriegsstrafe eine neue Dimension erhalten. Die NATO hat den Bündnisfall erklärt, und auch Deutschland ist mit »im Krieg«. Der Direktor des Instituts für Friedenforschung und Sicherheitspolitik an der Universität Hamburg, *Prof. Dr. Dieter S. Lutz,* fragt deshalb in seinem Beitrag nach den Möglichkeiten der Sicherung des Friedens heute und nach der Verwundbarkeit moderner Gesellschaften.

Professor Dr. Fritz Sack, ebenso wie Sebastian Scheerer Kriminologe an der Universität Hamburg, hat die Konsequenzen der Ereignisse für die Aufrüstung der inneren Sicherheit zum Thema gemacht. Wir wissen um die Gefahr, dass mit dem Argument, es sei heute absolut notwendig, die innere Sicherheit zu erhöhen, bestehende Konflikte zum Status von Ausländern, von Asylbewerbern, neu gegen diese thematisiert und entschieden werden können. Gerade diese Thematik betrifft uns als Hochschule, die anderen Hochschulen und die Stadt unmittelbarer als andere Konsequenzen des 11. September, zumal im gleichen Monat, dem September 2001, die Regierung der Stadt und vor allem die Zuständigkeit für ihre innere Sicherheit ein neues Gesicht bekommen hat.

Unser Kollege *Prof. Dr. Norman Paech*, Hochschullehrer an der HWP, stellt in seinem Beitrag die Analyse von Terror und Krieg, Zivilisierung der neuen Weltordnung, und damit den völkerrechtlichen Aspekt der Konflikte in den Mittelpunkt.

Professor Dr. Udo Steinbach, der Leiter des deutschen Orientinstituts in Hamburg, versucht schließlich in seinem Beitrag weitere Antworten auf die Frage zu finden, in welchem Kontext die Anschläge vom September zu Kultur und Religion des Islam stehen.

Die HWP ist die einzige der Hamburger Hochschulen, die auf die Ereignisse im September und fortlaufend mit einer derartigen Diskussionsreihe reagiert hat. Ich will nicht verhehlen, dass es mir unmittelbare vor Beginn der ersten Vorträgen oft so erschien, dass die Ereignisse des 11. September und der Wochen danach für eine Thematisierung im Hörsaal der HWP zu monströs seien. Aber wo denn eigentlich sonst, wenn nicht in der Universität für Wirtschaft und *Politik,* musste es gelingen, mit Hilfe von wissenschaftlicher Kompetenz, kritischer Vernunft und politischem Engagement ein wenig mehr Orientierung in diesen Ereignissen zu finden und weitergeben zu können.

Allerdings, die HWP ist nicht der Ort heiliger oder unheiliger Kriege, und unsere Beschäftigung mit dieser Thematik sollte nicht Gelegenheit sein, die auch bestehende Meinungsvielfalt durch Polarisierung und Agitation zu überwältigen. Die Übung darin, auch abweichende Meinungen nicht nur gelten zu lassen, sondern sich damit auseinander zu setzen, war ein wichtiges Ergebnis unserer Diskussion für inneruniversitäre Verständigung.[1]

Es gab noch einen weiteren wichtigen Grund, sich mit den Ereignissen auf diese Weise als Hochschule auseinander zu setzen. Die HWP hat auch in ihrer Internationalisierung ein besonderes Profil ausgeprägt. Unter den jetzt 20% Studierenden mit ausländischem Pass sind Studierende aus benachteiligten Herkunftsländern und Studierende, deren Familien aus verfolgten Minderheiten in diesen Ländern kommen, an der HWP besonders zahlreich vertreten. Mit ihrem kulturellen und persönlichen Erfahrungshintergrund repräsentieren diese ausländischen Studierenden in der HWP auch die Aufforderung an uns, die Ungleichheit im globalen Kontext zum Thema der Auseinandersetzung im Studium zu machen. Gerade weil die HWP zu diesem Thema eine starke Tradition in Lehre und Forschung hat, brauchen wir darüber hinaus jetzt offene Augen und Ohren für die Fragen und die Probleme der ausländischen Studierenden. Wir müssen ihr Rückhalt in der Stadt sein.

[1] Bedauerlich ist in diesem Zusammenhang die Tatsache, dass der Beitrag von Matthias Küntzel – der seine konträre Position im Anschluss an Norman Paechs Vortrag dargestellt hat – nicht fertiggestellt werden konnte.

Sebastian Scheerer
Terroristen sind immer die anderen

1977 warnte ein US-Standardwerk über den Terrorismus vor einer Unterschätzung der Bedrohung. Gerade komplexe und hochtechnisierte Gesellschaften seien gegenüber »*ruthless acts of terrorism*« hochgradig verwundbar. Man hoffe zwar, dass die Terroristen selbst letztlich davor zurückschrecken würden, all das, was ihnen an »*destruction of human lives and property*« faktisch möglich sei, auch tatsächlich zu begehen. Doch da damit zu rechnen sei, dass sie bald auch »*biological, chemical and nuclear instruments of death and destruction*« in den Händen hielten, sollte man sich auf derlei Hemmungen der Gewalttäter selbst lieber nicht allein verlassen (Alexander & Finger 1977: Xf.).

Im selben Jahr schrieb der deutsche Anti-Terror-Experte Manfred Funke, man müsse von der Möglichkeit »*einer persönlichen, nationalen, ja planetarischen Katastrophe*« ausgehen. Nicht auszuschließen seien unter anderem der »*Missbrauch von Giftstoffen zur Verseuchung des Wassers, Zerstörungen in der Erdatmosphäre, der Bau und Einsatz von nuklearen Billig-Bomben*« (Funke 1977: 9).

Bis zum 11. September 2001 sah die Mehrheit darin weniger eine realistische Einschätzung als eine interessierte Übertreibung – zum Beispiel, um von realen Missständen und Gefahren, von Ausbeutung, Umweltzerstörung und Armut abzulenken (hierzu Hess 1988: 85f.). Politiker hörten derlei Analysen auch nicht gerne, denn welche Konsequenzen sollten sie daraus ziehen? Wirksame Vorbeugung würde unvorstellbare Summen – nur vergleichbar mit den regulären Verteidigungsetats der Staaten – kosten. Hätte man die Bedrohung durch den Terrorismus überschätzt, wäre das Geld verschwendet. Ohne konkreten Anlass würde keine Regierung und erst recht kein Parlament und keine öffentliche Meinung der Welt zulassen, zur Vorbeugung gegen die terroristische Bedrohung die Weltpolitik und die Haushaltsstrukturen revolutionär zu verändern. Wenn andererseits das, was die Experten befürchteten, auch tatsächlich eintreten sollte, dann müsste man sich unter Umständen vorwerfen lassen, die Warnungen vor den Konsequenzen, die es haben könnte, wenn Terroristen im Besitz von Atomwaffen, biologischen oder chemischen Massenvernichtungswaffen seien, leichtfertig ignoriert und den Tod unzähliger Bürger in Kauf genommen zu haben. Für die Politik ein unlösbares Dilemma, das nur darin enden konnte, dass man innerhalb des politisch-administrativen Systems einen Abteilungsleiter mit der Verfolgung der Angelegenheit beauftragte, der dann Gutachten auf Gutachten stapelte, und dass man ansonsten die Daumen drückte, dass jedenfalls noch so lange, wie man selbst das Amt bekleidete, nichts passieren möge.

Und so ging man denn auch vor, als die US Commission on National Security am 15. September 1999 in ihrem Bericht über »*Sicherheit im 21. Jahrhundert*« prognostizierte: »Amerika wird zunehmend gegenüber feindlichen Angriffen auf das eigene Territorium verwundbar... und unsere Streitkräfte werden uns nicht vollständig schützen können... wenn Staaten, Terroristen und andere betroffene Gruppen zu Massenvernichtungswaffen greifen. Amerikaner werden auf amerikanischem Grund und Boden sterben, möglicherweise in großer Zahl.«[1] Man nahm den Bericht dankend entgegen – und hoffte, es werde schon noch eine Weile gut gehen.

Der Schock saß tief, als sich das verdrängte Terror-Risiko (kleiner als der GAU eines terroristischen Atomangriffs, aber größer als alles, was man von subnationalen Akteuren sonst erlebt hatte) schon früher, nämlich fast auf den Tag genau zwei Jahre später, realisieren sollte. Zugleich hatte sich damit das Dilemma der Politik in ein lösbares Problem transformiert, denn damit war der Anlass vorhanden, der es erlauben würde – wenn man sich denn nun dazu entschlösse – der ganzen Welt die Notwendigkeit und Begründetheit einer Neudefinition der sicherheits- und weltpolitischen Prioritäten und Maßstäbe zu vermitteln.

---

[1] »America will become increasingly vulnerable to hostile attack on our homeland, and our military superiority will not entirely protect us… states, terrorists, and other disaffected groups, will acquire weapons of mass disruption, and some will use them. Americans will die on American soil, possibly in large numbers.«

Stehen wir hier und heute an einem Wendepunkt? Wohl nicht mehr. Denn die Wende liegt schon hinter uns. Dabei ist die Welt nicht unmittelbar durch die September-Attentate eine andere geworden, wie es immer so gedankenlos heißt, sondern erst durch die Reaktion darauf. Nicht der Terror selbst bedeutete den Bruch, sondern dessen Deutung und Instrumentalisierung durch die USA. Die USA hätten den Fehdehandschuh nicht aufgreifen müssen. Sie hätten die Angelegenheit mit bloßer Amtshilfe des Militärs, ansonsten mit den Mitteln der Strafjustiz regeln können; Präzedenzfälle gibt es gerade in den letzten Jahren in den Internationalen Strafgerichtshöfen genug. Dass sie die Verbrechen der terroristischen Vereinigung zum Anlass nahmen, diese als Kriegsgrund zu definieren – und dass sie so bereitwillig die Rahmung des Konflikts als eines Kampfes zwischen zwei moralischen Prinzipien, dem Guten und dem Bösen, die ihnen vom Gegner vorgegeben worden war, spiegelbildlich auch für ihre Deutung der Situation übernahmen, dass sie sich schließlich entschlossen, die Geopolitik künftig durch den radikalen Antagonismus zwischen Terrorismus und Anti-Terrorismus bestimmen zu lassen: Erst das hat die Welt wirklich grundlegend verändert, und erst davon ging die neue Epoche aus, in der wir heute leben. Da interessiert natürlich, wie es weitergehen wird. Lässt sich der Terrorismus besiegen – oder hat der Terrorismus eine Chance zu siegen? Was wird die Zukunft bringen? An dieser Stelle kann ich hierzu nur Vorüberlegungen anstellen.[2]

1. Das Definitionsproblem

Jahrzehntelang waren die Bemühungen, im Rahmen der UNO eine weltweite Anti-Terror-Konvention zu verabschieden, an der Unmöglichkeit gescheitert, eine Definition des Terrorismus zu finden, mit der sich Israelis wie Palästinenser, Amerikaner wie Chinesen und Spanier wie Iren und Engländer einverstanden erklären konnten. Der 11. September 2001 wirkte da Wunder. Rund drei Wochen nach diesem Datum verabschiedet der Sicherheitsrat ohne Gegenstimme eine Resolution,

[2] Zum Fortgang der Überlegungen vergleiche mein Büchlein »Die Zukunft des Terrorismus«, zu Klampen Verlag, Lüneburg 2002.

die alle 189 Mitgliedsstaaten zur Unterstützung des Kampfes gegen den Terrorismus verpflichtet. Und dies in einem Ausmaß, von dem die Protagonisten der Anti-Terror-Konvention nicht einmal zu träumen gewagt hätten. Hatte man unter dem Druck der Ereignisse nun endlich eine allgemein akzeptable Definition gefunden? Das nicht, denn die Meinungsunterschiede waren so groß wie eh und je. Der politische Druck war aber so sehr angestiegen, dass man sich nicht leisten konnte, den Eindruck mangelnder anti-terroristischer Gesinnung aufkommen zu lassen. So votierten denn alle für die Bekämpfung des Terrorismus, verzichteten aber wohlweislich darauf, den Begriff des Terrorismus zu definieren. Des einen Terroristen sind eben des anderen Freiheitskämpfer, und des einen Taktik der präventiven Liquidierung politischer Gegner ist des anderen Staatsterrorismus.

Dabei scheint es so leicht. »Wer mit roher Gewalt in einer Zivilbevölkerung Angst und Schrecken verbreitet und damit die Absicht verfolgt, Regierungen oder Gemeinschaften seinen religiös oder politisch geleiteten Willen aufzuzwingen«, so war es am 1. Oktober 2001 in einem Leitartikel der Frankfurter Allgemeinen Zeitung auf der ersten Seite unter der Überschrift »Was ist Terror?« zu lesen, »ist nach christlich-abendländischem Verständnis ein ›Terrorist‹.« Warum, so könnte man fragen, sollten sich nicht alle Mitglieder nicht nur dieses Kulturkreises, sondern alle Mitglieder der Weltgemeinschaft darauf einigen? Das Problem ist, dass die einen sagen werden, das passe auch auf »Dresden« oder »Hiroshima«, die anderen, es passe aber nicht auf die ETA, denn sie wolle niemandem etwas aufzwingen, sondern wehre sich im Gegenteil nur dagegen, dass Spanien der baskischen Nation seinen Willen aufzwinge. Es kommt eben immer auf den Standpunkt an. Im politischen Diskurs, der immer einen polemischen Gehalt hat, sind Beschreibung und Bewertung nicht voneinander zu trennen. In dem Moment, in dem man eine bewaffnete Gruppe anders bewertet, wird man sie auch anders bezeichnen. Man wird nicht sagen: Heute finden wir die Aktionen dieser Leute legitim, deshalb werden wir diese Terroristen von nun an unterstützen – man ändert zwangsläufig auch gleich deren Bezeichnung: *»Terroristen sind immer die anderen.«*

Wissenschaft, die verstehen und erklären, nicht aber politisch bewerten will, ist auf eine weniger vor-beurteilende und vor-verurteilende Terminologie angewiesen. Präjudizierende Begrifflichkeiten verhindern die Erkenntnis historischer Wurzeln, Entwicklungen, Ähnlichkeiten und Unterschiede. Über die Geschichte des Terrorismus, die Arten, die Rationalitäten, die Vor- und Nachteile des Terrorismus wie auch die Zukunft des Terrorismus wird man aber nur dann etwas sagen können, wenn man sich auf einen vom Wertungszwang befreiten, analytischen Begriff stützen kann. Die Frage, ob etwas Terrorismus ist oder nicht, kann und muss von der ganz anderen Frage getrennt untersucht werden, ob es gerechtfertigt oder nicht gerechtfertigt, ob es moralisch oder unmoralisch, ob es human oder inhuman, ob es barbarisch oder tugendhaft, ob es rational oder irrational ist. Mit Henner Hess (1988: 59) möchte ich im Folgenden deshalb unter Terrorismus verstehen »*erstens* eine Reihe von vorsätzlichen Akten direkter, physischer Gewalt, die *zweitens* punktuell und unvorhersehbar, aber systematisch *drittens* mit dem Ziel psychischer Wirkung auf andere als das physisch getroffene Opfer *viertens* im Rahmen einer politischen Strategie ausgeführt werden.«

Terrorismus ist mit anderen Worten keine Weltanschauung, die nur auf der Linken oder nur auf der Rechten zu finden wäre, er ist keine Ideologie, die in irgend einer Weise in eine Reihe gehörte mit Anarchismus, Sozialismus, Kommunismus oder Liberalismus, sondern eine Methode physischer Gewalt, wobei das entscheidende Abgrenzungselement etwa gegenüber dem normalen Kriegshandeln darin liegt, dass man mit der Vernichtung von Menschenleben in erster Linie gar nicht die Getöteten meint, sondern auf andere psychisch einwirken will. In einem normalen Krieg kann es durchaus sein, dass man das Finanzzentrum des Gegners lahmlegen will, weil man sich davon einen instrumentellen Nutzen verspricht (z.B. Schwierigkeiten des Gegners bei der Beschaffung von Waffen oder Nahrungsmitteln auf dem Binnen- oder dem Weltmarkt). Terroristisch ist so ein Angriff aber nur dann, wenn es nicht in erster Linie um die Störung der Finanz-Transaktionen, sondern um die symbolischen Wirkungen geht: Stärkung des Selbstbewusstseins in jenen Kreisen, aus denen die Täter kommen, Verbreitung des Gefühls der Verletztheit und Verletzbarkeit in der allgemeinsten Sphäre des Angegriffenen.

2. Ziele und Akteure

Die terroristische Methode ist nicht *per se* irrational – sie kann durchaus das beste Mittel zur Erreichung eines rationalen und realistischen Ziels sein. Terroristen müssen auch keineswegs irgendwie »gestört« oder gar »wahnsinnig« sein, um zu handeln, wie sie handeln. Wie andere Menschen, die Strafgesetze und andere Regeln verletzen, müssen sie nicht ihrem Wesen nach anders sein als andere Menschen. Der Terrorismus kann eine Phase im Leben eines Menschen sein, der später vielleicht Regierungschef und/oder Friedensnobelpreisträger wird (vgl. Begin 1978).

Das heißt natürlich andererseits nicht, dass Terrorismus immer rational und erfolgversprechend oder gar erfolgreich ist; auch werden die Bewertungen je nach Standpunkt der Beobachter und nach Zielen, terroristischen Mitteln und Akteuren sich unterscheiden: »Terror lässt sich nicht auf einen einfachen Nenner bringen.« (Landfried 2001)

Zu unterscheiden sind zum einen natürlich zwei sehr verschiedene Arten des Terrorismus: der *innerstaatliche* oder gar regionale einerseits und der *internationale* oder gar globale andererseits. Der *Front de Libération Nationale Corse* hat zum Ziel die Unabhängigkeit Korsikas und praktiziert Terrorismus auch (so gut wie) ausschließlich auf der Insel. Bei *Al-Qa'ida* sieht das schon anders aus und erfordert natürlich eine andere Bedingungsanalyse und Reaktion.

Zu unterscheiden ist der Terrorismus aber auch noch danach, ob er vom *Staat* oder von *Privaten* ausgeübt wird – und danach, ob er der *Lähmung* einer unterworfenen Bevölkerung oder aber der *Provokation* einer überlegenen Macht, etwa einer Kolonialmacht oder einer Militärdiktatur oder auch einer gewählten Regierung dient.

Je nachdem, zu welcher Art von Terrorismus ein bestimmtes Phänomen zu zählen ist, ist mit anderen Bedingungen der Entstehung und der Entwicklung, mit anderen Ausmaßen und Intensitäten, mit anderen Dimensionen von Täterschaft und Opfer-Zahlen zu rechnen.

Hier nur einige Beispiele, die wir, ebenso wie die Typologie, auch Henner Hess (1988: 62ff.) verdanken, und mit deren Hilfe sichtbar wird, dass Terrorismus erstens eine sehr häufige und zweitens eine nicht nur von Armen und Unterdrückten, sondern auch von Privilegierten und Unterdrückern benutzte Waffe darstellt.

3. Staatsterrorismus

Der Staatsterrorismus ist die häufigste und brutalste Art von Terrorismus. Vormoderne Staatlichkeit war aufgrund der Notwendigkeit direkter Abpressung des Mehrprodukts von Natur aus immer auch terroristisch. Sporadische Akte physischer Folter oder Tötung, die mehr noch als der Liquidierung der konkreten Opfer der Einschüchterung potenzieller oder aktueller Oppositioneller, religiöser oder ethnischer Minderheiten etc. dienten, gehörten zum Hitlerismus und zum Stalinismus, zu den Regimes von Idi Amin und Papa »Doc« Duvalier, von Augusto Pinochet und General Videla, von Pol Pot und zu wohl allen Kolonialkriegen der Geschichte. Die Grausamkeit und Häufigkeit dieser Art des Terrorismus steht in einem Spannungsverhältnis zu der unspektakulären Leichtigkeit, mit der sich unter bestimmten Bedingungen auch ganz »normale« Bürger in entsetzliche Monster verwandeln lassen (vgl. Jäger 1982). Zu dieser Art des Terrorismus kommt es häufig dann, wenn die Privilegien einer herrschenden Klasse, Clique oder Schicht beschnitten werden, diese sich in ihr Schicksal aber noch nicht ohne weiteres fügen wollen. Nachdem die weiße Sklavenhaltergesellschaft in den Südstaaten der USA nach dem verlorenen Bürgerkrieg ab 1865 die politische Macht mit den entlassenen Sklaven teilen musste, versuchten Teile der in ihrer Herrschaft beschnittenen weißen Elite, die Schwarzen durch Lynchmorde und allerlei andere Einschüchterungen von der Wahrnehmung ihrer politischen Rechte abzuhalten. Gedeckt von Regierung und Verwaltung, begann der Ku Klux Klan seinen »massive private terrorism« (Kates 1979: 13). Ähnlich terrorisierte die sizilianische Mafia nach den beiden Weltkriegen die Landbevölkerung, um sie davon abzuhalten, die ihr durch die Landreformgesetze zugebilligten Rechte wahrzunehmen (vgl. Hess 1976). Und diese Liste lässt sich natürlich ohne weiteres über alle Erdteile und bis auf den heutigen Tag fortsetzen (*company goons* in den USA, *milices patronales* in Frankreich, *goondas* in Indien, *Todesschwadronen* in Lateinamerika, *Graue Wölfe* in der Türkei usw.).

4. Revoltierender Terrorismus

Allein in Europa sind hier die terroristische Phase der Französischen Revolution (*Robespierre*, *Saint-Just*; Mischform von Sozialrevolution und Regierungsterrorismus), *Bakunin* und *Netschajew*, die russische *Narodnaja Volja*, die russischen *Sozialrevolutionäre, SR*, der *Lenin'sche* Terrorismus und späterhin zum Beispiel die *Roten Brigaden* in Italien, die *Rote Armee Fraktion* in Deutschland und viele andere zu nennen. Auslöser waren hier nicht Beschneidungen von Privilegien, sondern die relative politische Deprivation durch das Ausbleiben erhoffter Selbstläufer in der politischen Entwicklung. Die überaus reichhaltige Literatur zu verschiedenen Aspekten und Gruppen dieser Art ist heute zu Unrecht weitgehend vergessen, und das gilt nicht nur für so faszinierende Autobiographien wie die »Erinnerungen eines Terroristen« von Boris *Savinkov*, sondern sogar für so wichtige Werke wie *Kautskys* und *Trotzkis* Abhandlungen zum Verhältnis von Terrorismus und Kommunismus (Savinkov 1985, Kautsky 1919, Trotzki 1920; zu einer Theorie sozialrevolutionärer Gewalt vgl. Scheerer 1988).

Viele Gruppen verfolgen das Ziel nationaler Selbstbestimmung; legt man, was ratsam ist, den Sinn zugrunde, den die Täter selbst ihren Aktionen beimessen, dann kann man als einen solchen nationalen, national orientierten, nationalistischen oder nationalrevolutionären Terrorismus eine ganze Reihe von Terrorismen bezeichnen, die aus der Sicht ihrer Gegner eher als separatistisch, als links- oder rechtsextremistisch oder ganz anders eingestuft werden dürften: von der kroatischen *Ustascha* über die kenianischen *Mau-Mau* und die *FLN* in Algerien bis hin zu den *jüdischen* Terrorgruppen vor 1948 und den *palästinensischen* nach 1967, nicht zu vergessen die *IRA* in Nordirland. In dieselbe Kategorie gehören aber auch andere Gruppen, deren Ziel weniger in der nationalen Unabhängigkeit besteht, als vielmehr in ihrer religiösen oder ethnischen Selbstbestimmung, auch wenn diese auf verschiedene und komplexe Art mit Fragen der nationalen Unabhängigkeit oder staatlichen Souveränität zusammen hängen mag. Bedenkt man, mit welcher Vehemenz eine Gruppe wie *Al-Qa'ida* die »Befreiung« der islamischen Welt von westlicher, russischer oder anderer »fremder« Militärpräsenz fordert, dann kann es wohl kaum einen Zweifel daran geben, dass auch diese in die genannte Kategorie gehört.

5. Wie neu ist der Terrorismus?

Viel zu viel ist die Rede von der angeblichen »Tatsache, dass der Terrorismus eine neue Art der Gewalt darstellt« (Landfried). Denn so neu ist er nicht. Der revoltierende Terrorismus islamistischer Prägung kann auf ein, der revoltierende Terrorismus jüdischer Prägung kann auf zwei Jahrtausende Geschichte zurückblicken.

Judaismus und Terrorismus

Flavius Josephus (1994), jüdisch-römischer Historiker aus dem ersten Jahrhundert christlicher Zeitrechnung, berichtet über die vorher unbekannte Taktik der jüdischen Zeloten (auch: Sikarier, so genannt nach dem griechischen Wort für ihr Attentats-Werkzeug, einen kleinen Krummdolch, den man gut unter der Kleidung verbergen konnte), am helllichten Tage höchste religiöse oder weltliche Würdenträger meuchlings zu ermorden und sich dann so geschickt und unauffällig dem Verhalten der entsetzten und empörten Umstehenden anzupassen, dass sie unentdeckt zu entkommen vermochten. Ungebildet, arm, vom Lande kommend, aber von einer so intensiven und fundamentalistischen Religiosität, dass sie der etablierten Priesterherrschaft, die sie für dekadent und ungläubig hielten, nur Hass und Verachtung entgegenbrachten (ihr erstes Opfer war der Hohepriester Jonathan), bekämpften sie sowohl das moderate jüdische Establishment als auch die römische Besatzungsmacht und provozierten mit ihren Massakern an Unbewaffneten, Überfällen aus dem Hinterhalt und ähnlichen Aktionen den Judäischen Krieg (67-70 n.Chr.), der mit dem Sieg der Römer, der Zerstörung des zentralen Tempels, dem Widerruf der jüdischen Privilegien im römischen Reich, dem Kollektivselbstmord der Zeloten auf der Festung Massada und dem – durch den Bar-Kochba-Aufstand noch einmal für kurze Zeit unterbrochenen – Zerfall der jüdischen Staatlichkeit bis 1948 endete.

»Es dürfte schwerfallen«, meint David C. Rapoport (1989b: 221; näher Rapoport 1989a), »in irgendeiner Epoche eine terroristische Bewegung zu finden, die das Leben einer Gesellschaft entscheidender prägte.« Spätere jüdische Terrorgruppen (z.B. Irgun) zogen Lehren aus der Geschichte und vermieden den Bruderkampf (Verzicht auf Gegenschläge gegen die Haganah; Vermeidung ziviler Opfer; vgl. Rapoport 1989a: 31-33; Begin 1978: 76-80, 162-165).

Islamismus und Terrorismus

Aktiv zwischen Ende 11. und 13. Jahrhundert unserer Zeitrechnung. Stützpunkte: ein Netz von Festungen zwischen der Felsenburg Alamut (südlich des Kaspischen Meeres, Nordpersien) und östlich-südöstlichen Gebieten (u.a. im heutigen Afghanistan). Operationsgebiet: das Gebiet der Stützpunkte und die Umgebung (bis Irak, Syrien, Palästina). Täter: schiitische (ismailitische) Moslems. Opfer: sunnitische (seldschukische, türkische) Moslems in bedeutenden Positionen, d.h. Fürsten, Offiziere, hohe Verwaltungsbeamte, religiöse Würdenträger, Stadtpräfekten; seltener und später auch christliche Kreuzfahrer. Angriffsideologie und -methode: Opferung des eigenen Lebens für die religiöse Verpflichtung des Kampfs gegen Tyrannei und Verrat am Glauben. Sinn der Taten war immer auch die Propaganda, die Verunsicherung. Daher die Bevorzugung spektakulärer Selbstmordattentate z.B. gegen feindliche Prediger inmitten ihrer Moscheen oder Militärs in ihren Garnisonen. Die Tötung des auserwählten Opfers war ein frommer Akt mit ritueller, fast sakramentaler Qualität. Persische und syrische Assassinen benutzten nie Gift, immer den Dolch und wurden auch deshalb fast immer ergriffen. Sie machten auch gewöhnlich keinen Versuch zu fliehen; eher galt es als schmachvoll, eine Mission zu überleben.

A Taktik der Assassinen war das verdeckte Eindringen in die Zentren der Feinde, die Verkleidung als Sufis oder christliche Mönche, das Verweilen beim Feind und dann die plötzliche Attacke. Die für uns heute so rätselhaften »Schläfer«, die offenbar in der Lage sind, sich über lange Jahre zu verstellen und ihre wahren Absichten zu verbergen, haben eine lange Geschichte. Schon in der Frühzeit des Islam kam dem Dispens von der Erfüllung gewisser moralischer und religiöser Pflichten im Namen der *taqijja* (Vorsicht) angesichts von Situationen der Unterdrückung und Verfolgung eine gewisse Bedeutung zu. Da gerade die Schia häufig solchen Situationen ausgesetzt sein sollte, entwickelte sich dort eine ganze Dogmatik der Verstellung und des Geheimbündischen, die bei den Assassinen zur Blüte gelangte.

Der geistige und organisatorische Kopf der Assassinen, der jeweilige Herrscher von Alamut (»Der Alte vom Berge«), war *spiritus rector* des Geheimbunds, der die einzelnen Selbstmordattentäter bestimmte und aussandte – zum Sieg oder zum Martyrium. Durch die Tatsache, dass auf spektakuläre Attentate (z.B. die Ermordung des Herrschers von Homs im

Jahre 1103 und die Ermordung des Emirs von Mossul 1113) immer wieder auch gravierende Misserfolge und scheinbar vernichtende Niederlagen folgten, verhinderten nie das Wiederaufleben des Terrorismus zu späteren Zeiten und an anderen Orten (Ermordung des Wesirs von Aleppo 1177 und des Markgrafen Konrad von Montferrat, des Königs von Jerusalem, im Jahre 1192). Auf dem Höhepunkt ihrer Macht brachte, wer aus Europa zwecks Kreuzzugs nach Palästina reiste, den Assassinen Geschenke mit, um sie gnädig zu stimmen (Kaiser Friedrich II. immerhin Tributzahlungen im Wert von fast 80.000 Dinaren). Erst der doppelte Angriff der Mongolen vom Norden und Osten und der Mamelucken von Süden und Westen bereitete den Assassinen ein Ende.

Oder doch kein Ende? Die terroristische Methode tauchte immer wieder auf. Man denke an den sogenannten kriegerischen Amok, eine verblüffende Kampfesart, die sich unter dem Einfluss des Islams in Malaya als Mittel der Intifada verbreitete. Gruppen von couragierten Männern legen Gelöbnisse ab, ihr eigenes Leben im Krieg gegen den Feind zu opfern: »In der Finsternis schoren sie sich die Köpfe (als abergläubisches Zeichen jener lebensverachtenden Menschen, die in Indien Amaucos genannt werden) und es zog sie in die Moschee, um dort ihr Leben dem Tod zu weihen... und in der Entschlossenheit ihres Gelübdes und als Beispiel rigoroser Entschlossenheit, befahl der Hauptmann ein großes Feuer, in das er sein Weib, seinen kleinen Sohn und alle seine Habseligkeiten hineinwarf, damit auf keinen Fall etwas in unsere Hände hätte fallen können. Andere taten es ihm nach, um dann über die Portuguiesen herzufallen.«[3] (de Barros, 1552, zit.n. Murphy 1973: 34). Ein ähnliches, mehrere Jahrhunderte altes amokähnliches Syndrom ist der Juramentado der Moros (isl. Bewohner der südwestphilippinischen Insel Jolo): »Hierbei handelt es sich ebenfalls wie beim Amok um ein homicidal-suicidales Verhalten, das bewusst und nach strengen Regeln abläuft. Der Juramentado oder auch ›mohammedanischer Fanatiker‹ kleidet sich ganz in

---

[3] »All that night they shaved their heads (this being a superstitious practice of those who despise life, people whom they call in India *Amaucos*) and betook themselves to their mosque, and there devoted their persons do death ... and as an earnest of this vow, and an example of his resolution, the Captain ordered a great fire to be made, and cast into it his wife, and a little son he had, and all his household and his goods, in fest lest anything of his should fall into our possession. Others did the like, and then they fell on the Portuguese«.

Weiß, lässt sich den Kopf kahl scheren. Bevor er seine Tötungsabsicht ausführen kann, ist er verpflichtet, seine Eltern oder gar den Fürsten um Erlaubnis zu fragen, um dann unter Gebeten an einen Ort zu gehen, wo sich vornehmlich Christen aufhalten, um diese mit besinnungsloser Wut zu töten. Der Juramentado tötete solange, bis er selber getötet wurde« (Lübbert 2001: 18; Knecht 1998: 682).

6. Zukunftsaussichten

Die Gegenwart ist gekennzeichnet durch das Ende der bipolaren Weltordnung und den Beginn einer Phase oder Epoche konkurrenzloser US-amerikanischer Vorherrschaft in ökonomischer wie militärischer Hinsicht. Derartige Hegemonialphasen hat es in der Geschichte immer wieder gegeben. Zeiten, in denen ein Krieg gegen das Römische Reich undenkbar war – oder Zeiten, in denen niemand gewagt hätte, gegen das Seldschukenreich militärisch vorzugehen. Früher gab es freilich immer noch Reiche, die jenseits der Grenzen der Imperien lagen. Derlei gibt es heute erstmals nicht mehr. Doch das ist nicht einmal entscheidend. Denn was die Machbarkeit einer militärischen Konfrontation angeht, kommt es auf dasselbe heraus. Jedenfalls können die USA heute Kriege gegen andere führen, aber die anderen können keine Kriege gegen die USA führen. Jedenfalls nicht im Sinne klassischer zwischenstaatlicher Kriegsführung. Niemand kann und niemand wird derlei in absehbarer Zeit wagen können.

Wenn gleichwohl Bedingungen gegeben sein sollten, die bestehende Interessenskonflikte verschärfen, dann wird sich zur Fortsetzung der Politik mit anderen Mitteln nicht mehr der reguläre Krieg, sondern die irreguläre Gewaltaktion im Sinne des Guerilla- oder Partisanenkampfes oder eben auch des Terrorismus anbieten.

Dass die europäische Nationalstaatsidee heute an Attraktivität und mobilisierender Kraft – auch zur Führung eines bewaffneten Konflikts – an Boden verliert, muss die Wahrscheinlichkeit des Ausbrechens gewaltförmiger Auseinandersetzungen nicht unbedingt vermindern. Zwar haben sich die ökonomischen *global players* längst über alle Versuche von Einzelstaaten hinweg gesetzt, ihnen noch Befehle zu erteilen; auch wird die Autorität der Staaten sowohl *von unten* durch Dezentralisierung, Regionalisierung usw. als auch *von oben* durch Staatenzusammenschlüsse, supranationale Organisationen usw. ausgehöhlt – und dieser Prozess mag tatsächlich noch lange andauern und die Staatsidee immer mehr marginalisieren. Doch schon die Frontlinien des 20. Jahrhunderts waren weniger von nationalstaatlichen als von ideologischen Lagerbildungen bestimmt, und wie am internationalistisch ausgerichteten sozialrevolutionären Terrorismus der 1970er Jahre deutlich zu sehen war, ist die Diversifizierung der politischen Bindungen an Ideale, die mit der alten Nationalstaatsidee in einem Konkurrenzverhältnis stehen, schon in vollem Gange.

Der gegenwärtige internationale Terrorismus hat auf spektakuläre Weise Erfolg damit gehabt, die Verletzbarkeit seines Gegners zu demonstrieren und weltweit unzählige neue Maßnahmen zur Stärkung der inneren und äußeren Sicherheit auszulösen. In dem Maße aber, in dem speziell die Militärbasen des Westens in Saudi Arabien und am Persischen Golf, am Horn von Afrika und in Pakistan zu Festungen ausgebaut werden, die insbesondere vor Angriffen islamischer Kämpfer geschützt werden, ist es den Terroristen auch gelungen, aus eigener Kraft dem Westen eine Frontlinie aufzuzwingen, die dieser unter allen Umständen zu vermeiden trachtet, nämlich eine Front, die nicht mehr wie im Absolutismus zwischen Herrscherhäusern oder wie im 19. Jahrhundert zwischen Staaten oder wie im 20. Jahrhundert zwischen kapitalistischen und kommunistischen Ideologien, sondern (wie von dem so häufig und auffallend engagiert verächtlich gemachten Samuel P. Huntington frühzeitig vorhergesagt) zwischen dem, was nach dem Wegfall der Nationen als Identifikationssymbol in die entsprechenden Lücken gestoßen ist, nämlich den Kulturen.

Innerhalb von Wochen oder allenfalls wenigen Monaten, so das erste Ziel der USA und der von ihnen geführten Anti-Terror-Koalition, will man den mutmaßlichen Terroristenführer Usama bin Laden getötet oder gefangengenommen und die Organisation Al-Qa'ida vernichten. Die Überlegenheit, mit der die Nachrichtendienste und militärischen Einheiten diesen Kampf aufgenommen haben, würde jedes andere Ergebnis der Aktion auch wie ein Wunder erscheinen lassen. Denn kriegs-entscheidend, so das Credo der US-Militärstrategie für das 21. Jahrhundert, sei vor allem eines: »Informations-Überlegenheit«, und an deren Vorhandensein ist angesichts des aktuellen Einsatzes potentester Rechnernetze und Satellitenaugen mit ungeahnter Bildauflösungsqualität, aber auch von neuen Bearbeitungsalgorithmen und radikal effektivierten Entscheidungsabläufen kein Zweifel angebracht. Dazu gehört, dass Informationen, anstatt vielstufige Hierarchien hinauf- und wieder hinabzuwandern, innerhalb von Sekunden am Boden in Afghanistan erhoben, ausgewertet und in Optionen für einen seit dem Beginn der Luftoperationen zu jeder Zeit in einem Flugzeug über Afghanistan kreisenden General transformiert und militärisch beantwortet werden.

Alle technische und informationelle Überlegenheit wird aller Wahrscheinlichkeit nach schon bald zur Erreichung des kurzfristigen Zieles der Anti-Terror-Koalition führen: bin Laden wird getötet oder verhaftet, Al-Qa'ida vom Erdboden verschwunden sein.

Im friedlichen und den Terror verachtenden Kulturkreis des Islam ist bin Laden aber schon jetzt von einem unwichtigen Außenseiter zu einem von Millionen Menschen und insbesondere von vielen in der jungen Generation verehrten Genie, Volkshelden und Märtyrer im Wartestand geworden. Nicht um einzelne arabische oder asiatische Regierungen und ihre Interessen oder um lokale Traditionen herum kristallisiert sich da kollektive Identität, sondern – dank des Mitspielens der westlichen Mächte in genau der von den Terroristen ersehnten und geplanten Form – um die Figur bin Ladens als des Führers einer die Massen mobilisierenden religiösen und politisch-sozialen Erneuerungsbewegung, wie es sie seit den Assassinen immer wieder gegeben hat.

Der Westen hat sicherlich die Informations-Überlegenheit. Ob er auch die Wissens-Überlegenheit und die Überlegenheit strategischen Denkens besitzt, daran sind Zweifel erlaubt. Mit der Informations-Überlegenheit wird er seine Feinde sicherlich vernichten oder ergreifen, nicht aber begreifen können. Dazu bedürfte es der Fähigkeit, sie zu verstehen und ihre Handlungen als rational zu entziffern, anstatt sie voller Wut, Verachtung und gleichsam als Strafe, mit Begriffen wie Barbarei und Wahnsinn zu belegen. Die Informationsversessenheit, mit der wir gegen bin Laden und Al-Qa'ida zu Felde ziehen, wird eigentlich nur noch in den Schatten gestellt von unserer Geschichtsvergessenheit, die uns allen Ernstes glauben lässt, es mit einer ganz neuen Art der Gewalt, mit einzigartigen und wahnsinnigen Anschlägen zu tun zu haben – und die uns den Sieg über den Terrorismus schon jetzt gekostet haben dürfte, bevor wir auch nur den Krieg gewonnen haben.

Literatur

Alexander, Y./Finger, S.M. (1977): Terrorism. Interdisciplinary Perspectives. New York.

Begin, M. (1978): The Revolt. New York.

Funke, M. (1977): Terrorismus – Ermittlungsversuch zu einer Herausforderung, in: ders.: Terrorismus. Bonn: 83-99.

Hess, H. (1976): Repressives Verbrechen. Kriminologisches Journal 8: 1-22.

Hess, H. (1988): Terrorismus und Terrorismus-Diskurs, in: Angriff auf das Herz des Staates. Soziale Entwicklung und Terrorismus. Analysen von Henner Hess, Martin Moerings, Dieter Paas, Sebastian Scheerer und Heinz Steinert. Frankfurt, Erster Band, S. 55-74.

Josephus, F. (1994): Geschichte des Judäischen Krieges. Leipzig.

Kates, D.B. (1979): Toward a History of Handgun Prohibition in the United States, in: ders. (ed.), Restricting Handguns – The Liberal Sceptics Speak Out. Great Barrington, MA: 7-30.

Kautsky, K. (1919): Terrorismus und Kommunismus. Ein Beitrag zur Naturgeschichte der Revolution. Berlin.

Knecht, Th. (1998): Amok – Transkulturelle Betrachtungen über eine Extremform menschlicher Aggression. Kriminalistik 10: 681-684.

Landfried, Ch. (2001): Terror allzu einfach interpretiert. Frankfurter Allgemeine Zeitung, 19.10.2001 (Leserbrief).

Lewis, B. (1989): Die Assassinen. Zur Tradition des religiösen Mordes im radikalen Islam. Frankfurt/M.

Lübbert, M. (2001): AMOK – Der Lauf der Männlichkeit. Kriminologische Diplomarbeit, FB Sozialwissenschaften, Universität Hamburg.

Murphy, H.B.M. (1973): History and the Evolution of Syndromes. The strikting Case of Latah and Amok, in: M. Hammer et al., eds., Psychopathology. New York, London: 33-55.

Rapoport, D.C. (1989a): Terror and the Messiah: An Ancient Experience and Some Modern Parallels, in: D.C. Rapoport, Y. Alexander, eds., The Morality of Terrorism. Religious and Secular Justifications. New York. Second edition, 13-42.

Rapoport, D.C. (1989b): Die Sikarier-Zeloten, Auszug aus: Fear and Trembling: Terrorism in Three Religious Traditions, in: AmPolScRev 78.1984, in: B. Lewis (1989), Die Assassinen. Zur Tradition des religiösen Mordes im radikalen Islam. Frankfurt/M.: 221.

Savinkov, B. (1929/1985): Erinnerungen eines Terroristen. Mit einem Vor- und Nachwort von Hans Magnus Enzensberger. Nördlingen.

Scheerer, S. (1988): Ein theoretisches Modell zur Erklärung sozialrevolutionärer Gewalt, in: Angriff auf das Herz des Staates. Frankfurt, Erster Band, S. 75-189.

Trotzki, L. (1920): Terrorismus und Kommunismus. Anti-Kautsky. Moskau/ Hamburg.

Dieter S. Lutz

Zur Verwundbarkeit moderner Gesellschaften und zur Zukunft des Friedens

1. Prolog: Anmerkungen zur Krisenprävention

Scheinbar unerwartet entführten am 11. September 2001 bis dahin unbekannte Terroristen (sog. Schläfer) vier große Zivilflugzeuge und stürzten drei davon mitsamt allen Passagieren gezielt in die beiden Wolkenkratzer des World Trade Center in New York und auf das US-Verteidigungsministerium Pentagon in Washington. Der über Jahre hinweg bis ins Detail geplante und mediengerecht inszenierte Anschlag verursachte Schäden in vielfacher Milliardenhöhe und kostete ca. dreitausend Menschen das Leben – ein Massenmord bislang nicht gekannten Ausmaßes, ein blindwütiges Verbrechen gegen die Menschlichkeit.

Wer von uns würde diese Aussage nicht teilen? Wer von uns wäre nicht zutiefst entsetzt? Was mich an dieser Aussage gleichwohl stört, ist das Wort »unerwartet« – vielfach vorgetragen von Politikern und ebenso oft wiedergegeben von den Medien. Ich werde deshalb meinen Beitrag mit einigen Anmerkungen zur Prävention und mit einer – wie ich meine: »Wahrheit« – beginnen.

Die ungeschminkte Wahrheit ist: Eine Friedensordnung, die diesen Namen verdient, existiert nicht. Das gilt auch für eine europäische Friedensordnung. Ferner: Die Sicherheitsordnung, die wir haben, ist ineffizient, fragmentiert und völlig überrüstet. Und schließlich: Die deutsche Außenpolitik, die laut Koalitionsvertrag »Friedenspolitik« sein soll, lässt keine entsprechende Strategie und Konzeption erkennen.

Mit der revolutionären Wende von 1989/90 sind Ost-West-Gegensatz und Abschreckungssystem zwar beseitigt bzw. verschwunden. Mehr als ein Jahrzehnt nach der Zeitenwende ist die Gestalt der künftigen Friedens- und Sicherheitsordnung Europas und erst recht weltweit noch immer nicht geklärt, geschweige denn die Ordnung selbst gebaut. Selbst

Europa wird im Gegenteil von einer Reihe von Paradoxien geprägt, wenn nicht gar beherrscht. Die Folgen sind Kriege und gewaltsame Konflikte – auch mitten in Europa – mit Hunderttausenden von Toten, Verwundeten und Flüchtlingen.

Zu diesen Paradoxien der Europäischen Ordnung von heute gehört zum Beispiel das lautstarke Bekenntnis aller politischen Kräfte zur Krisenprävention einerseits und die gleichzeitige Ignoranz und Passivität der europäischen Staatengemeinschaft gegenüber erkennbaren oder gar schon eskalierenden Konfliktpotenzialen andererseits. »Vorsorgen ist besser als Heilen« bleibt bloßes Lippenbekenntnis.

Der Ausbruch des Bosnienkonfliktes Anfang der 90er Jahre etwa – von Politik und Wissenschaft lange vorhergesagt – wurde weder verhindert noch in seiner tragischen Eskalation eingefangen. Europa schaute mehr oder weniger entsetzt zu, bis die Aggressoren ihre kriegerischen Ziele größtenteils erreicht hatten. Die politischen, ökonomischen und psychischen Konsequenzen des Krieges, aber auch die finanziellen Kosten, um das Land wieder aufzubauen, lassen sich bis heute kaum schätzen. Allein für die Aufnahme der Bosnienflüchtlinge musste Deutschland in den vergangenen Jahren ca. 20 Milliarden DM aufbringen. Was hätte mit diesem Betrag – vorbeugend eingesetzt – nicht alles Positives geschaffen, aufgebaut, bewirkt werden können?

Prävention als Lehre blieb gleichwohl inhaltsleer und folgenlos: Mit oder ohne Absicht wurde in »Dayton« zum Beispiel das Kosovo vergessen. Über Jahre hinweg fanden die Kosovo-Albaner darüber hinaus kaum Gehör bei der europäischen Völkergemeinschaft. Erst als die soziale Verteidigung der Kosovo-Albaner in den bewaffneten Kampf umschlug, erst als aus Freiheitskämpfern Terroristen wurden, erst als die Serben begannen, albanische Zivilisten zu massakrieren, erst als albanische Nationalisten drohten, um eines Großalbaniens willen den gesamten Balkan in einen Krieg zu verwickeln, erst da erwachte Europa aus seiner Lethargie und zwang Serben und Kosovo-Albaner an den Verhandlungstisch von Rambouillet. Zu spät! Fünf nach zwölf ist Prävention nicht mehr möglich. Schon gar nicht, wenn die bitter notwendigen Strukturen, Mechanismen, Finanzmittel und Personen für eine effektive und erfolgreiche Prävention fehlen bzw. erst gefunden oder aufgebaut werden müssen. So scheiterte das Holbrooke-Milosevic-Abkommen vom Oktober 1998 u.a. auch deshalb, weil die zugesagten 2.000

OSZE-Verifikateure von der europäischen Sicherheitsordnung nicht vorgehalten und auch nicht rasch genug gefunden wurden. Ebenso konnte das nach dem Krieg von der NATO errichtete »Protektorat«, was zu deutsch »Schutz«-Gebiet heißt, Vertreibungen, Plünderungen und Mord nicht verhüten, weil schlichtweg die erforderlichen 3.000 (internationalen) Polizisten fehlten.

Verkannt werden darf zwar nicht, dass in den vergangenen Monaten insbesondere in der Europäischen Union Vorschläge zur Krisenprävention diskutiert oder auf den Weg gebracht wurden. Vor allem der von Kommissar Patten unterbreitete Vorschlag zur Errichtung eines Krisenzentrums der Europäischen Kommission ist nachhaltig zu unterstützen.

Richtig ist ferner, dass auch die deutsche Regierung nach dem Kosovo-Krieg Initiativen der Vorsorge mit durchaus wegweisendem Charakter ergriffen hat. Zu nennen sind beispielweise die »Maßnahmen der Krisenprävention, Friedenserhaltung und Konfliktbewältigung« durch das Auswärtige Amt (AA), darunter insbesondere die Ausbildung und Bereitstellung »Zivilen Friedenspersonals«. Angeführt werden können auch die Maßnahmen der »Krisenprävention in der Entwicklungszusammenarbeit« durch das Bundesministerium für wirtschaftliche Zusammenarbeit und Entwicklung (BMZ), einschließlich der Unterstützung des »Zivilen Friedensdienstes«. Anerkennung finden muss nicht zuletzt mit Blick auf die Gründung der »Deutschen Stiftung Friedensforschung« (DSF) auch die Förderung der Arbeit und der Unabhängigkeit der Friedensforschung durch das Bundesministerium für Bildung und Forschung (BMBF). Der Titel »Friedenserhaltende Maßnahmen« des Auswärtigen Amtes beträgt allerdings weniger als 30 Millionen DM. Der Ansatz des BMZ für den »Zivilen Friedensdienst« sogar weniger als 20 Millionen DM. Das Stiftungskapital der DSF schließlich beläuft sich – verteilt über drei Jahre – insgesamt auf lediglich 50 Millionen DM.

Zum Vergleich: Allein ein Exemplar des Eurofighters der Bundeswehr wird mit mehr als 150 Millionen DM veranschlagt. Die Bundeswehr wird davon 180 Exemplare beschaffen, obwohl ihre Funktion als Abfangjäger bereits bei ihrer Bestellung als völlig überholt erkannt wurde.

Es bleibt dabei: Auch nach dem Kosovo-Krieg ist zivile Vorsorge bloßes Lippenbekenntnis. Dies gilt auch mit Blick auf die Terroranschläge vom 11. September 2001. Hinweise auf entsprechende Vorhaben gab es im vergangenen Jahrzehnt nicht zuletzt von Seiten der Geheimdienste genügend. Ergänzt wurden sie durch Warnungen von Seiten der Wissenschaft – auch und gerade, was die möglichen Dimensionen anbelangte. Sie sind mehr oder weniger ungehört verhallt.

Wissenschaft kann analysieren, kritisieren, vordenken, warnen. Sie kann Alternativen und Optionen wie die erwähnten aufzeigen. Sie kann Ratschläge geben. Ob diese Vorschläge dann von der Politik aufgenommen und umgesetzt werden, entzieht sich weitgehend ihrem Einfluss.

Es ist also kein Zufall, sondern gehört zu den Paradoxien unseres Systems, wenn weite Teile dessen, was ich im Folgenden ausführen werde, keineswegs neue Erkenntnisse sind. Sie sind vielmehr in Studien und Arbeiten nachlesbar, die bereits in den vergangenen Jahren vorgelegt wurden, zum Beispiel in einem Papier, das ich für die Sitzung der »Kommission für Sicherheits- und Außenpolitik der SPD« am 25. September 1996 in Bonn geschrieben habe. In diesem Papier werden den Katastrophen von New York und Washington vergleichbare Szenarien bereits benannt. Ich zitiere:

»Was wäre, wenn ein Supertanker wie die Exxon Valdez nicht vor der Küste Alaskas havarieren, sondern – von ›Gerechtigkeitsfanatikern‹ gekapert – in der Deutschen Bucht oder in der Elbmündung zerstört würde? Was wäre, wenn das Gemisch aus Dünger und Dieselkraftstoff, welches das World Trade Center in New York 1993 in seinen Grundpfeilern erschütterte, von Terroristen nicht auf einem Kleinstlastwagen, sondern auf der Welt größtem Containerschiff zum Ziel und Detonationspunkt, z.B. dem Hamburger Hafen, transportiert werden würde? Was wäre, wenn gegen eine deutsche Großstadt wie Hamburg der Tokioter Terroranschlag von 1995 wiederholt würde? Dieses Mal vielleicht sogar nicht mit dem chemischen Kampfstoff Sarin und auch nicht in der U-Bahn, sondern als Angriff aus der Luft mit gefährlichen biologischen Krankheitserregern, möglicherweise mit gentechnologisch manipulierten Mikroorganismen aus einem der vielen unkontrollierbaren ›Küchenlabors‹«?

Obwohl in Auftrag gegeben, wurde das Papier von der Kommission, wie im Übrigen andere kritische Überlegungen auch, niemals behandelt. Vorsitzender der damaligen Kommission war der heutige Verteidigungsminister Scharping.

2. Zur Verwundbarkeit hochentwickelter Gesellschaften

Die terroristischen Anschläge von New York und Washington am 11. September 2001 haben auf schmerzliche Weise sicherheitspolitische Einsichten bzw. Grundsätze in Erinnerung gerufen, die nach dem »siegreichen« Ausgang des Ost-West-Konfliktes 1989/90 nur allzu gern verdrängt wurden. Zu diesen Grundsätze gehören zwei, die quasi wie Gesetze in einem naturwissenschaftlichen Sinne wirken. Sie lauten:

Erstens: Moderne Gesellschaften und hochentwickelte Länder wie Amerika und Deutschland sind grundsätzlich verwundbar. Diese Verwundbarkeit ist strukturell. Sie wird in Zukunft noch zunehmen.

Zweitens: Moderne Gesellschaften und hochentwickelte Länder lassen sie sich weder technisch noch militärisch schützen. Die Priorität muss bei politischen und rechtlichen Mitteln liegen.

Die Gründe für diese beiden Einsichten liegen in den erheblichen Veränderungen der industriellen, ökologischen, sozialen und kulturellen Situation Europas gegenüber den Zeiten des Ersten oder Zweiten Weltkrieges. Besonders illustrativ hierfür sind die über 200 Kernkraftwerke, die gegenwärtig in Europa in Betrieb sind. Sie sind hochbrisante Ziele – sei es für Terroristen, sei es für militärische Aggressoren. Ähnliches gilt allein in Deutschland für viele Tausende Chemie-Betriebe und Betriebe, die chemische Stoffe verarbeiten und lagern, Hunderte von Ölraffinerien und (überirdischen) Öltanklagern (mit teilweise riesigen Fassungsvermögen), Dutzende von Gasraffinerien, Tanks und Verdichterstationen, viele Hunderte Umspannwerke, Güterbahnhöfe, Containerbahnhöfe sowie See- und Binnenhäfen etc.

Alle diese und weitere Einrichtungen sind potenzielle Ziele nicht nur für militärische Aggressionen, sondern auch für mögliche terroristische Anschläge. Es bedarf nicht allzu vieler Phantasie, um sich die verheerenden Folgen solcher Anschläge vorzustellen: Zu den Wirkungen gehören eben nicht nur der direkte Waffeneinsatz oder Terroranschlag gegen betroffene Menschen (in mittlerweile immer größeren Ballungszentren), sondern auch die Emissionen radioaktiven Materials aus den Kernkraftwerken, die tödlichen Giftwolken aus den Chemieanlagen, die Feuerstürme aus den Gas- und Erdöllagerstätten und schließlich der Zusammenbruch aller Versorgungs- und Entsorgungswege, z.B. für Strom, Trinkwasser, Lebensmittel und Atemluft.

3. Vergessene Einsichten, verdrängte Lehren

Es ist offensichtlich: Hochindustrialisierte Staaten wie die Bundesrepublik sind strukturell verwundbar. Die nachdrücklichen Schlussfolgerungen, die bereits zu Zeiten des Ost-West-Konfliktes aus dieser Erkenntnis gezogen wurden, waren sowohl militärstrategischer als auch sicherheitspolitisch-konzeptioneller Art.

Militärpolitisch fanden sie ihren Niederschlag in einem theoretischen Konstrukt: Final betrachtet – so seinerzeit die offizielle Politik – dienen Militär und Rüstung nicht der Kriegsführung, sondern der Kriegsverhütung durch Abschreckung. Mit anderen Worten: Die Streitkräfte der Bundesrepublik (und in Variationen auch die anderer Staaten) unterlagen keiner Kriegsführungs-, sondern einer Kriegsverhütungsdoktrin. Ziel der militärischen Vorbereitungen für den Ernstfall soll es nicht sein, Krieg zu führen, sondern ihn über ein »Kontinuum der Abschreckung« zu verhindern (pre war deterrence) bzw. ihn auf einer möglichst niedrigen Eskalations- und/oder Schadensstufe wieder »einzufangen« (intra war deterrence).

Sicherheitspolitisch wurde dieses Konstrukt, die Abschreckungsdoktrin, eingebettet in die Akzeptanz der eigenen Verwundbarkeit und die Erkenntnis, dass Sicherheit nicht mehr gegeneinander, sondern nur noch miteinander zu haben ist. Entspannungspolitik, Abrüstungsverträge und die Konfliktbeilegung durch rechtliche Regelungen waren die Folgen einer zunehmend als »Gemeinsame Sicherheit« verstandenen Konzeption. Zu den Wegen und Methoden gehörten Diplomatie und Verhandlungen und stets – wenn auch mitunter unzulänglich und nicht frei von Rückschlägen – Kooperation und Interessenausgleich. Aus der Erkenntnis ihrer eigenen Verwundbarkeit mussten Feinde, später Gegner, eine ausgeprägte Kultur des Dialogs etablieren und sich als Partner begreifen und behandeln lernen.

Mit dem glücklichen Ausgang des Ost-West-Konfliktes 1989/90 verschwanden das Sowjetreich, der Warschauer Pakt und die beständige Gefahr des menschheitsvernichtenden Atomkrieges. Dass mit dem Ende des Kalten Krieges auch die eigene Verwundbarkeit verschwunden sei oder – je nach Perspektive – durch technische Mittel wie Raketenabwehrprogramme kompensierbar würde, war und ist dagegen ein dramatischer Irrglaube der »machttrunkenen Sieger«. Hochentwickelte

Gesellschaften bleiben auch künftig anfällig. Im Gegenteil: Ihre Verwundbarkeit nimmt mit dem Grad ihrer Entwicklung sogar beständig zu. Die Gefahr des »Cyberterrorismus«, eine vor wenigen Jahren noch völlig unbekannte Bedrohung, ist hierfür ein illustratives Beispiel.

Die revolutionären Umbrüche nach 1989/90 boten die Jahrhundertchance, die Lehren und Einsichten aus der Vergangenheit konzeptionell mit den neuen Gefahren und Bedrohungen hochentwickelter Staaten und Gesellschaften, darunter auch der weltweite Terrorismus, zu verbinden. Der siegreiche »Westen« ließ diese Chance ungenutzt verstreichen. Nach einer ersten Euphorie wurde im Gegenteil begonnen, Fehler auf Fehler zu setzen, ja das zivilisatorische Rad selbst wieder zurückzudrehen: Die »mächtigste Militärallianz aller Zeiten« fing an, nach und nach ihre zivile Konkurrenz, die OSZE, »wegzubeißen« und (mit etwas Verzögerung) auch die Vereinten Nationen zurückzudrängen. Kriegsverhütung als Doktrin wurde aufgegeben und die Verteidigungskräfte, einschließlich Bundeswehr, wurden bzw. werden zu Einsatzarmeen umgebaut. An Stelle von Interessenausgleich wird zunehmend Interessendurchsetzung, die Erweiterung des Interessenspektrums und die Ausdehnung des militärischen Interessen- und Einsatzgebietes propagiert. Die Stärke des Rechts wurde spätestens im Kosovo-Krieg durch das Recht des vermeintlich Stärkeren abgelöst. Insbesondere die einzige verbliebene Supermacht weigert sich immer öfter, rechtlichen Regelungen und Verträgen beizutreten (Landminenvertrag, B-Waffen-Abkommen, Teststopp-Vereinbarung, Internationaler Strafgerichtshof), oder sie zu befördern (Kioto-Prozess) oder künftig einzuhalten (ABM-Vertrag, Weltraum). Selbst Gerichtsentscheidungen wie die des IGH werden mittlerweile ignoriert.

4. Vom Zusammenbruch der Zivilisation

Doch nicht genug: Nach Ansicht vieler standen Ost-West-Konflikt und Kalter Krieg in den Jahrzehnten nach 1945 der Verwirklichung einer dauerhaften und gerechten Friedensordnung entgegen. Die Hoffnung der Menschen, ja das Versprechen der Politik zu Zeiten des Ost-West-Gegensatzes aber war es, Kriege, aber auch die anderen großen existenziellen Probleme wie Hunger, Massenarmut oder Umweltverschmutzung und Klimaveränderung zu lösen, wenn nur erst einmal Abschreckungssystem und Nuklearkriegsgefahr überwunden wären. Auch diese Hoffnung erfüllte sich nicht, auch dieses Versprechen wurde im vergangenen Jahrzehnt nicht einmal ansatzweise gehalten. Heute sind diese Probleme mit der Nährboden für die Entstehung von Fundamentalisten und Terroristen, Verzweifelten und Gerechtigkeitsfanatikern.

In der »Charta von Paris«, der Erklärung der Staats- und Regierungschefs der KSZE-Staaten von 1990, heißt es noch voller Euphorie: »Nun ist die Zeit gekommen, in der sich die jahrzehntelang gehegten Hoffnungen und Erwartungen unserer Völker erfüllen: ... Wohlstand und soziale Gerechtigkeit und gleiche Sicherheit für alle unsere Länder.«[1]

Heute, elf Jahre später, sind Euphorie und Hoffnungen jedoch verflogen, sieht die Realität in dramatischer Weise anders aus, wie eine Fülle an Fakten und Analysen mittlerweile belegen. Aus der Flut an Literatur stellvertretend ein Zitat aus einem der Friedensgutachten, das jährlich von den führenden deutschen Friedensforschungsinstituten herausgegeben wird: »Die Politiker aller Länder scheuen es noch immer, sich den langfristig drohenden Trends entgegenzustellen. Substanziell hat sich deshalb seit der Konferenz von Rio nichts geändert. Niemand spricht mehr von der Versöhnung zwischen Ökonomie und Ökologie. Eingezwängt zwischen wirtschaftlicher Globalisierung und weltweiter Arbeitslosigkeit, zerstört die Menschheit weiterhin ihre eigenen Überlebensgrundlagen. Das globale Klima verändert sich signifikant mit jedem weiteren Jahr. Mit sinnlosen Ertragssteigerungen werden immer größere Teile des fruchtbaren Bodens degradiert und die Genressourcen der Natur weiter vernichtet. Die Weltmeere sind nahezu leergefischt; wegen des knapp gewordenen Trinkwassers drohen bereits bewaffnete Konflikte. Auch die Kluft zwischen Arm und Reich wächst unverändert.«[2]

Was ist die Konsequenz? Was sind die Folgen? Was wird uns das soeben begonnene 21. Jahrhundert, das dritte Jahrtausend nach Christi

[1] Vgl.: Charta von Paris für ein neues Europa. Erklärung des Pariser KSZE-Treffens der Staats- und Regierungschefs, in: Presse- und Informationsamt der Bundesregierung, Bulletin 137/1990, S. 1409.

[2] Friedensgutachten 1997, herausgegeben von Solms, Friedhelm/Mutz, Reinhard/Schoch, Bruno, Münster 1997, S. 16.

bringen? Vielleicht weitere Verbrechen, wie sie am 11. September 2001 Amerika erleiden musste. Vielleicht sogar den »Kampf der Kulturen«. Vielleicht den Krieg der Religionen. Nicht auszuschließen! Wahrscheinlicher aber doch den »clash of civilisation«, den Zusammenbruch der Zivilisation im eigentlichen Sinne. Das heißt den Kampf um Interessen und Ressourcen, den Kampf der Mächtigen gegen die Schwachen, den Kampf der Reichen gegen die Armen. Oder je nach Perspektive: den verzweifelten Kampf der Schwachen um ihr Überleben mit den Mitteln der Schwachen, dem Terror. Die Verbrechen von New York und Washington sind immer auch eine Warnung, vielleicht die letzte. Sie zeigen, wozu Menschen fähig sind. Und sie demonstrieren leidvoll die Verwundbarkeit gerade auch der Reichen und Mächtigen.

Warum sollten die Armen nicht dem Beispiel der Reichen folgen? Schon immer haben die Staaten des reichen Nordens für sich in Anspruch genommen, die nationalen strategischen Interessen (z.B. die Versorgung mit Erdöl) auch außerhalb des eigenen Territoriums wahren zu dürfen (vgl. z.B. die Doktrin des US-Präsidenten Carter von 1980). Selbst das bislang zurückhaltende Deutschland spricht seit dem vormaligen Verteidigungsminister Rühe vom »vitalen Sicherheitsinteresse« und »weltweiter Interessenbehauptung«. Gemeint sind damit u.a. auch die »Aufrechterhaltung des freien Welthandels und des ungehinderten Zugangs zu Märkten und Rohstoffen in aller Welt«. Was, wenn die überbevölkerten Staaten der »Armen Welt« – oder auch nur einzelne Individuen oder gesellschaftliche Gruppierungen in diesen Staaten – künftig in ähnlichen Kategorien der strategischen Interessenbehauptung denken und handeln und auch die entsprechenden Machtmittel zur »Erpressung« besitzen? Ist wirklich auszuschließen, dass die volkreichsten und zugleich ärmsten Länder der Welt, bedroht durch den Anstieg des Meeresspiegels in Folge der Treibhausemissionen des Nordens, die Interessen ihrer hungernden Menschen nicht künftig mit chemischen, biotechnologischen oder einer der anderen neuen exotischen Waffen durchzusetzen versuchen? Und mehr noch: Wer ist – moralisch gesehen – im Beispiel einer durch den reichen Norden verursachten Klimakatastrophe eigentlich Opfer, wer Täter?

Wie werden sich nach den zahlreichen Tabubrüchen nach dem 11. September die armen Staaten künftig entscheiden, wenn sie zwar zu arm sind, um ihre wachsende Bevölkerung ausreichend zu ernähren oder sich vor den kommenden Klimakatastrophen einschließlich der Flutkatastrophen zu schützen, nicht aber zu arm, um eine der »vagabundierenden« Nuklearwaffen als Mittel zur Erpressung zu kaufen oder in eigenen Labors chemische und/oder biologische Waffen herzustellen?

Stehen wir also an der Schwelle eines Zeitalters von Kriegen der Armen gegen die Reichen oder doch zumindest der Erpressung und des Terrorismus, ja des Super-Terrorismus? Stehen wir möglicherweise auch am Beginn eines Zeitalters des Katastrophenterrorismus im doppelten Sinne: Anthropogene (Umwelt-)Katastrophen werden von den Betroffenen als Rechtfertigung zur Drohung mit/oder Erzeugung von Superkatastrophen gegen die Verursacher gewendet? Hat der Vorsitzende der »UN-Kommission für nachhaltige Entwicklung«, der ehemalige Bundesminister Klaus Töpfer, auch in diesem Sinne recht, wenn er formuliert: »Kriegerische Auseinandersetzungen der Zukunft werden sich vornehmlich an Problemen der unerträglich werdenden Umweltbelastung entzünden, die über ihre Ländergrenzen hinweg exportiert werden«?

Nichts scheint künftig mehr ausgeschlossen. Bereits auf der Anhörung »Neue Waffentechnologien« des Unterausschusses für Abrüstung und Rüstungskontrolle des Deutschen Bundestages am 9. November 1992 gab einer der Experten, der Chemiker Karlheinz Lohs, zu Protokoll: »Es ist meine persönliche Überzeugung als Kenner der toxologischen Szene, dass künftig der terroristischen Verwendung von chemischen Kampfstoffen große Aufmerksamkeit zukommen wird«. Und weiter: »Vorerst mag es als ›science fiction‹ erscheinen, aber Wissenschaftler halten es durchaus für machbar, dass ›ethnische Waffen‹ aus den Erkenntnissen von Chemie und Biologie hervorgehen können, die sich des enzymatisch-molekularen Polymorphismus der Menschen bedienen. Ziel solcher Waffen wäre es, eine chemische Selektionierung vornehmen zu können (man könnte es auch ›chemisierten Rassismus‹ nennen)...«[3] Haben wir also nicht nur einen Kampf der Kulturen, der

[3] Lohs, Karlheinz, »Die Ambivalenz der Chemie«, dargestellt am Beispiel ihrer militärischen Nutzung und ihres Missbrauchs, Vortrag vor dem Unterausschuss für Abrüstung und Rüstungskontrolle – Anhörung »Neue Waffentechnologien«, 9. November 1992, hektogr. Manuskript 11 S., hier S. 5 (22/99), S. 9 (22/103).

Religionen und der Armen gegen die Reichen vor uns? Steht am Schluss des Zusammenbruchs der Zivilisation auch der Kampf der Rassen? Weiß gegen farbig und vice versa?

5. Stehen wir am Vorabend von Destruktion und Vernichtung?

Wer von uns – und insbesondere auch wer von unseren führenden Politikern und Politikerinnen – hat eigentlich noch den Überblick über die zu Beginn des 21. Jahrhundert zu bewältigenden und im friedensgefährdenden Sinne existenziellen und grenzüberschreitenden Trends? Welcher Politiker kann ihn angesichts der Fülle der Probleme überhaupt noch in seiner Gesamtheit und Komplexität wirklich haben? Von der »Überbevölkerung« bis zum »Waldsterben«? Von der Globalisierung bis zur Massenarbeitslosigkeit? Vom Welthunger bis zur Armutsmigration? Von der Klimaveränderung bis zum »Ozonloch«? Von der Desertifikation bis zum Artensterben? Vom kalkulierten Super-GAU bis zum Terrorismus mit Massenvernichtungsmitteln? Vom »Krieg um Wasser« bis zur »ethnischen Säuberung«? Vom Rüstungsexport bis zum »Fundamentalismus«? Von der Veränderung des Menschenbildes durch zivile Technologien bis hin zur Missachtung der Menschenwürde durch sogenannte Exotische Waffen? Wer von uns kennt wirklich die Vielschichtigkeit und Vernetztheit dieser und einer Vielzahl weiterer Gefahren und Probleme, ihrer Ursachen und ihrer Wechselwirkungen? Lässt sich das gordische Knäuel der in- und miteinander verwobenen Probleme überhaupt noch gewaltlos entwirren, ohne noch größere Gefahren und Risiken heraufzubeschwören?

Eine ausweglose Situation? Oder typisch für eine vor-revolutionäre Zeit? Stehen wir in jedem Fall am Vorabend von Destruktion und Vernichtung? Was wird der nächste Tag bringen? Nicht nur Terrorismus und Super-Terrorismus? Vielleicht sogar die Apokalypse? Bleibt angesichts von politischem Dilettantismus, gordischer Komplexität und dramatischer Zeitknappheit letztlich nur noch das Durchschlagen des Knäuels, also das Schwert des Alexander?

6. Also Krieg? Und Diktatur?

In seiner Rede »Bedingungen des Friedens« aus Anlass der Verleihung des Friedenspreises des Deutschen Buchhandels im Oktober 1963 in Frankfurt am Main trug Carl Friedrich von Weizsäcker drei Thesen vor, in denen im Übrigen auch erstmals der Begriff »Welt-Innenpolitik« geprägt wird (S. 7ff.):

»1. Der Weltfriede ist notwendig.

2. Der Weltfriede ist nicht das goldene Zeitalter.

3. Der Weltfriede fordert von uns eine außerordentliche moralische Anstrengung.«

Die zweite dieser Thesen erläutert Weizsäcker wie folgt: »Der Weltfriede ist nicht das goldene Zeitalter. Nicht die Elimination der Konflikte, sondern die Elimination einer bestimmten Art ihres Austrags ist der unvermeidliche Friede der technischen Welt. Dieser Weltfriede könnte sehr wohl eine der düstersten Epochen der Menschheitsgeschichte werden. Der Weg zu ihm könnte ein letzter Weltkrieg oder blutiger Umsturz, seine Gestalt könnte die einer unentrinnbaren Diktatur sein. Gleichwohl ist er notwendig.«

Wie wird der Mensch des vor uns liegenden Jahrtausends also leben, wenn er denn überhaupt Umweltgefahren, Seuchen, Hungersnöte, Ressourcenverknappung, Terrorismus und Kriege der vielfältigsten Art übersteht? In Frieden zwar, aber unentrinnbar gefangen in einer weltweiten Diktatur?

Was also wird uns – ich wiederhole meine Fragen nochmals bewusst – das soeben begonnene 21. Jahrhundert, das dritte Jahrtausend nach Christi bringen? Vielleicht weitere Verbrechen, wie sie am 11. September 2001 Amerika erleiden musste. Vielleicht sogar den »Kampf der Kulturen«. Vielleicht den Krieg der Religionen. Nicht auszuschließen! Vielleicht aber auch den »clash of civilisation«, den Zusammenbruch der Zivilisation im eigentlichen Sinne. Das heißt den Kampf um Interessen und Ressourcen, den Kampf der Mächtigen gegen die Schwachen, den Kampf der Reichen gegen die Armen. Oder je nach Perspektive: den verzweifelten Kampf der Schwachen um ihr Überleben mit dem Mittel der Schwachen, dem Terror. Die Verbrechen von New York und Washington sind immer auch eine Warnung, vielleicht die letzte. Sie zeigen, wozu Menschen fähig sind. Und sie demonstrieren leidvoll die Verwundbarkeit gerade auch der Reichen und Mächtigen. Was ist zu tun?

7. Solidarität ohne Notwehr- und Beistandsexzess

Zum ersten sollten rasch Initiativen für strikte und obligatorische internationale Regeln, Mechanismen und Institutionen gegen den Terrorismus im Rahmen der Vereinten Nationen geschaffen bzw. die Beschlüsse des Sicherheitsrates umgesetzt werden. Sie müssen flankiert werden durch die Zugriffsmöglichkeit auf polizeiliche und militärische Streitkräfte.

An dieser Stelle unserer Überlegungen ist es erforderlich, einige Anmerkungen zu den vorliegenden UN-Beschlüssen und auch zum Kanzlerwort der »uneingeschränkten Solidarität« zu machen. Zuerst zu den Beschlüssen der Vereinten Nationen: Unmittelbar nach dem perfiden Verbrechen, das heißt bereits am 12. September 2001, reagierte der Sicherheitsrat der Vereinten Nationen mit einer eindeutigen Verurteilung der Terroranschläge. In Resolution 1368 (2001) bekräftigte der Rat die grundsätzliche Entschlossenheit der Vereinten Nationen, »die durch terroristischen Handlungen verursachten Bedrohungen des Weltfriedens und der internationalen Sicherheit mit allen Mitteln zu bekämpfen«, zugleich bestätigte er das »naturgegebene Recht zur individuellen und kollektiven Selbstverteidigung im Einklang mit der Charta«. Sodann forderte er »alle Staaten dringend zur Zusammenarbeit auf, um die Täter, Organisatoren und Förderer dieser Terroranschläge vor Gericht zu stellen«. Ähnliche Formulierungen benutzte auch die Generalversammlung der Vereinten Nationen in ihrer Resolution 56/1 vom gleichen Tag. In seiner Resolution 1373 (2001) vom 28. September 2001 bekräftigte der Sicherheitsrat zwei Wochen später abermals die Notwendigkeit, »durch terroristische Handlungen verursachte Bedrohungen des Weltfriedens und der internationalen Sicherheit mit allen Mitteln, im Einklang mit der Charta der Vereinten Nationen, zu bekämpfen«. Im Einzelnen beschloss er dann Maßnahmen zur Bekämpfung der Finanzierung von Terroristen und terroristischen Handlungen sowie der Anwerbung von Mitgliedern terroristischer Gruppen und der Belieferung von Terroristen mit Waffen. Schließlich forderte der Rat alle Staaten auf, zur Verhütung terroristischer Handlungen Wege zur Intensivierung und Beschleunigung des Austauschs operationaler Informationen zu finden und in Verwaltungs- und Justizfragen zusammenzuarbeiten.

Mit seinen Resolutionen hat der Sicherheitsrat eine Reihe von Grundsätzen bekräftigt. Entgegen der offiziell von politischer Seite immer wieder aufgestellten Behauptungen hat der Sicherheitsrat aber gerade keine militärischen Maßnahmen beschlossen oder gefordert. Vielmehr hat der Sicherheitsrat der Vereinten Nationen am Tag nach den Anschlägen eine einzige operative Forderung erhoben: die Täter vor Gericht zu stellen und ihre Hintermänner zur Verantwortung zu ziehen.

Und wie wäre das zu bewerkstelligen – werden diejenigen immer wieder gefragt, die eine militärischen Reaktion, gar einen Krieg, ablehnen? »Schon einmal, im Februar 1993, waren die Zwillingstürme des *World Trade Center* Ziel eines terroristischen Angriffs radikaler Islamisten. Dass damals nur sechs und nicht fünftausend Menschen ums Leben kamen, verkleinert die Diabolik des Attentats nicht. Im Zuge zäher internationaler Ermittlungs- und Fahndungsarbeit wurden alle fünf Täter gefasst – drei noch in New York, einer in Ägypten und schließlich – wenngleich erst zwei Jahre später – gemeinsam durch pakistanische Polizisten und amerikanische Agenten auch der Kopf der Bande in Islamabad. Ein unauffälliger Vorläufer der Allianz gegen den Terror hatte sich bewährt.«[4]

Nun einige Anmerkungen zum Kanzlerwort der »uneingeschränkten Solidarität«.

Am 2. Oktober 2001, hat die NATO erstmals in ihrer fünfzigjährigen Geschichte den Bündnisfall ausgerufen. Seit diesem NATO-Beschluss haben die USA Anspruch auf Solidarität und Beistand durch die Allianz, einschließlich Deutschland. Unabhängig vom formalen Beschluss der NATO hatten die terroristischen Anschläge von New York und Washington Bundeskanzler Gerhard Schröder bereits zuvor veranlasst, den USA die »uneingeschränkte Solidarität« Deutschlands zu versichern. In einer Vielzahl von Äußerungen hat Schröder mittlerweile seine Aussage bekräftigt und auch expressis verbis den »militärischen Beistand«

[4] Mutz, Reinhard, Berechtigtes Misstrauen, in: tageszeitung vom 17. November 2001, S. 12.

in sein Angebot »uneingeschränkter« Solidarität eingeschlossen. Andererseits werde sich – so der Kanzler – Deutschland an »militärischen Abenteuern« nicht beteiligen. Im Rahmen seines Besuches in Islamabad und Neu Delhi schließlich ging Schröder auch auf die zunehmende Skepsis gegenüber der US-Bombardierung Afghanistans und deren wachsende Kolalateralschäden ein. Ob die militärische Strategie der Amerikaner richtig oder falsch sei – so die Meldung der Tageszeitung »Die Welt« vom 31. Oktober 2001 – könne die deutsche Seite »nicht beurteilen«. Jedenfalls werde man sich durch die Skepsis von der »selbstverständlichen Bündnispflicht« nicht abbringen lassen.

Nach meiner Ansicht kann den Aussagen des Bundeskanzlers und den gegenwärtig durchgeführten oder geplanten Maßnahmen der USA und ihrer Alliierten unter zwei Gesichtspunkten zugestimmt werden: Zum einen muss Terrorismus bekämpft werden – und zwar weltweit, in jeder Form und ohne Ansehen von Personen oder (vermeintlichen Eigen-)Interessen. Dies gilt für die Taliban genau so wie für die UCK und betrifft Afghanistan nicht minder als Mazedonien oder den Kosovo. Zum anderen muss derjenige, der Beistand will – militärischen Beistand eingeschlossen –, selbst auch bereit sein, (militärischen) Beistand zu leisten. Alles andere wäre Heuchelei. Im Übrigen ergibt sich diese Auffassung nicht nur als Pflicht aus dem NATO-Vertrag, sondern auch als Recht aus Grundgesetz und UN-Charta. Wer diese Auffassung dogmatisch nicht mitträgt, kann doch die Augen nicht davor verschließen, dass sich das Völkerrecht gegenwärtig in diese Richtung entwickelt, gegebenenfalls entwickeln muss.

Allerdings kann und darf Solidarität – vor allem Solidarität unter Einsatz militärischer Mittel – nicht uneingeschränkt, das heißt schrankenlos sein. Selbst wenn man einmal beiseite lässt, dass deutsche Regierungsvertreter ihrem Eid entsprechend (»das deutsche Volk vor Schaden zu bewahren«) quasi von Amts wegen stets beurteilen müssen, ob eine Strategie »richtig oder falsch« ist, muss betont werden: Jede Pflicht, auch jede Bündnisverpflichtung, und jedes Recht, auch das Beistandsrecht, stoßen dort auf ihre politischen und moralischen, verfassungsrechtlichen und völkerrechtlichen Grenzen, wo sie den Grundsatz der Proportionalität überschreiten. Das heißt: Alle Entscheidungen, alle Maßnahmen müssen daraufhin überprüft werden, ob sie erforderlich, geeignet und verhältnismäßig (im engeren Sinne) sind.

Meint dies der Kanzler, wenn er »militärische Abenteuer« ausschließt? Vermutlich nein. Was er mit seiner Aussage im Sinn hat, ist – im Übrigen wieder nicht ohne Berechtigung – der Schutz der eigenen Soldaten. Sie sollen eine möglichst »durchschlagende« Wirkung erzielen, ohne selbst Risiken oder Gefahren ausgesetzt zu werden. Aber eben um diese »Durchschlagseffizienz« geht es bei der stets zu beachtenden Schranke der Proportionalität. Der Zweck heiligt nicht das Mittel. Das Mittel muss vielmehr erforderlich, geeignet und verhältnismäßig sein.

Der Grundsatz der Erforderlichkeit zum Beispiel verlangt, dass vor Anwendung militärischen Zwangs alle anderen Mittel ausgeschöpft sein müssen. Ist das wirklich geschehen? Sind wirklich alle anderen diplomatischen, politischen, ökonomischen, rechtlichen Mittel ausgeschöpft worden? Zweifel sind angebracht: Haben die USA doch nicht einmal ein förmliches Auslieferungsverfahren unter Vorlage aller Beweise an Afghanistan gerichtet.

Der Grundsatz der Geeignetheit wiederum verlangt die prinzipielle Eignung des eingesetzten Mittels zur Erreichung des angestrebten Zieles. Ist ein Luftkrieg aber wirklich ein geeignetes Mittel, um einen Terroristen in einem Land wie Afghanistan zu fassen? Die Antwort muss wohl eher »nein« lauten. Wie auch der Kosovo-Krieg belegt, besteht darüber hinaus bei einem Luftkrieg das Risiko, dass er die Katastrophe eskaliert (Hass, Rache, Vergeltung), wenn nicht sogar provoziert (»jetzt erst recht«) oder dass er als Vorwand für noch schrecklichere Verbrechen – möglicherweise auch unter Einsatz von Massenvernichtungsmitteln missbraucht wird. Dieses Risiko ist größer als etwaige Erfolgsaussichten.

Mit der letzten Aussage angesprochen ist bereits der Grundsatz der Verhältnismäßigkeit im engeren Sinne. Staatliche Maßnahmen – und damit auch Krieg als das letzte Mittel der Politik – sind dann nicht mehr verhältnismäßig, wenn ihre direkten und indirekten Folgen und Nebenwirkungen, insgesamt betrachtet, mehr zerstören als schützen. Zu den Folgen und Wirkungen der Bombardierung Afghanistans gehört aber auch die Tötung und Verwundung Unschuldiger. Ihre Zahl wird – je länger der Krieg dauert – immer größer. In sog. NATO–Kreisen geht man mittlerweile von 25.000 bis 30.000 toten Zivilisten aus. Dass wir als Bürger und Bürgerinnen und auch als Wissenschaftler und Wissenschaftlerinnen diese hohe Zahl nicht wirklich verifizieren können, macht die Angabe nicht weniger brisant. In jedem Fall ist die mit ihr verbundene Ungewissheit einer Demokratie unwürdig und schädlich.

Hinzu kommt die Gefahr einer Flüchtlings- und Hungerkatastrophe mit der möglichen Folge zehntausender, wenn nicht gar hunderttausender Toter. Nicht auszuschließen ist schließlich die Gefahr einer weiteren Destabilisierung einer ganzen Region unter Einschluss sogar des Zerfalls Pakistans. Nicht auszuschließen ist auch – nimmt man die vorgesehenen Einsatzorte der Bundeswehr mit ins Kalkül –, dass die verkündete »uneingeschränkte Solidarität« Gefahr läuft, in einem Beistands- und Notwehrexzess weltweit zu enden, der mit dem Kanzlerbegriff des »militärischen Abenteuers« nur unzulänglich beschrieben ist.

8. Von der Kultur des Dialogs zum Dialog der Kulturen

Insbesondere Deutschland sollte sich deshalb auf seine Erfahrungen und Lehren aus der Zeit des Ost-West-Konfliktes rückbesinnen. Noch ist die Jahrhundertchance aus den revolutionären Umbrüchen von 1989/90 nicht gänzlich vertan. Im Gegenteil: Die Rückkehr zu einer Dialog- und Kooperationsstrategie – ähnlich der zu Zeiten des Ost-West-Konfliktes – ist gerade in Reaktion auf die Verbrechen von New York und Washington dringend erforderlich und, wie die weltweiten Reaktionen zeigen, auch möglich. Es scheint, als ob die USA und ihre Verbündeten, aber auch Mächte wie Russland oder China, gegenwärtig diese Chance ebenfalls sehen und ergreifen oder – wie die Führer der großen Religionen – unterstützen. Soll diese Chance auf Dauer wirken, so darf sie keinesfalls bei den momentan so dringend erscheinenden Maßnahmen der kurzfristigen und raschen Terrorismusbekämpfung stehen bleiben. Sie muss sich vielmehr als Initiative zu einem umfassenden und langfristigen und weit über die gewohnte Staatenwelt hinausgehenden Dialog der Kulturen verstehen. An dessen Anfang muss abermals die Akzeptanz der eigenen Verwundbarkeit stehen, einhergehend mit der Einsicht, dass alle Menschen, Völker und Staaten, auch solche mit gegensätzlichen Ordnungen, Ideologien, Religionen, Kulturen oder Interessen bei der dauerhaften Sicherung des Lebens und Überlebens auf Kooperation und Partnerschaft angewiesen sind. An dessen Schluss muss dann die Verständigung auf eine Weltordnung stehen, die auf der Stärke des Rechts und seiner Durchsetzung ruht, Weltinnenpolitik betreibt und sich den Namen »Gerechter Frieden« verdient.

Was Weltinnenpolitik im Einzelnen meint, müssen wir noch intensiv diskutieren. Dies beginnt schon mit dem Begriff. Den Versuch nämlich, Antworten auf die grenzüberschreitenden Gefahren, auf die Verwundbarkeit hochentwickelter Gesellschaften, auf die Herausforderungen der Globalisierung zu finden, »nennen die einen Globalpolitik oder Weltinnenpolitik, andere Weltordnungspolitik oder globale Strukturpolitik, viele inzwischen Global Governance«. Sicher ist Weltinnenpolitik kein Plädoyer für einen Weltstaat. Weltinnenpolitik oder Global Governance heißt nicht Global Government. Weltinnenpolitik meint schon eher die auch schon von Kant angestrebte Weltföderation von freien Republiken. Diese bedienen sich internationaler Organisationen und schaffen über internationale Regime verbindliche Regelwerke. Andererseits scheint ein gewisses Maß an Zentralstaatlichkeit ebenso notwendig wie ein teilweiser Verzicht an Souveränität. Allerdings bewirken »geteilte Souveränitäten« in Zeiten von Globalisierungseffekten und Interdependenzstrukturen keinen Verlust, sondern einen Zugewinn an gemeinsamer Handlungs- und Problemlösungsfähigkeit. Schließlich ist Global Governance kein Projekt lediglich der Staatenwelt, wenngleich die Staaten Hauptakteure bleiben. Vielmehr wirken staatliche und nichtstaatliche Akteure von der lokalen bis zur globalen Ebene in vielfältiger Weise zusammen.[5]

Auch das Ziel, eine »Gerechte Friedensordnung«, bedarf noch der Klärung. Das Wort der deutschen Bischöfe zum »Gerechten Frieden« vom 27. September 2001 enthält zwar bereits eine Fülle an Bausteinen und Hinweisen – von der Würde des Menschen über Demokratisierung und Rechtsstaatlichkeit, soziale und wirtschaftliche Entwicklung bis hin zur Bewahrung der natürlichen Lebensgrundlagen. Gegenwärtig mag uns ein »Gerechter Frieden« gleichwohl noch immer utopisch klingen. Dass es sich aber keineswegs um eine Utopie, sondern um eine realisierbare Vision handelt, bestätigt die sog. Goldene Regel. Oder in Worten des gegenwärtigen Bundespräsidenten Rau, der, wie im Übri-

---

[5] Ausführlich: Nuscheler, Franz, Global Governance, in: Die Neue Gesellschaft/ Frankfurter Hefte, November 2001, S. 670.

gen sein Amtsvorgänger Herzog auch, nicht müde wird, in vielen seiner Reden auf diese Regel hinzuweisen: »Auf der Suche nach Maßstäben für unser Handeln und auch in der Auseinandersetzung mit dem Fundamentalismus kann uns die Erkenntnis helfen, dass es zur Grundbotschaft aller großen Religionen der Welt gehört, dem Frieden zu dienen und danach zu fragen, wie am besten Gerechtigkeit verwirklicht werden kann. Wenn wir nach dem Kern der Gemeinsamkeit suchen, dann stoßen wir auf die ›Goldene Regel‹, die in einer volkstümlichen deutschen Fassung so lautet: ›Was Du nicht willst, das man Dir tu, das füg auch keinem andern zu.‹ Dieser Grundsatz findet sich in der Bibel, in buddhistischen und hinduistischen Quellen, in islamischen und konfuzianischen Quellen gleichermaßen. ... Darum kann man mit Recht sagen, dass kultureller Pluralismus und universale Zivilisation durchaus miteinander vereinbar sind.«[6]

9. Epilog: Plädoyer für Katastrophenschutz und Katastrophennachsorge

Der Hinweis des Bundespräsidenten auf die Goldene Regel enthält Hoffnung, eignet sich hervorragend als ein Schlusswort. Da ich aber um die Realitäten weiß, will ich meinen Beitrag doch nicht schließen, ohne nochmals auf die Verwundbarkeit hochentwickelter Gesellschaften einzugehen und insbesondere den Blick auf Ballungszentren wie die Metropole Hamburg mit ihrem Seehafen zu richten, in dem riesige 300m lange Containerschiffe einfahren: Wer die Alternative einer Weltinnenpolitik zur Prävention von Katastrophen und Katastrophenterror nicht für realisierbar hält oder gar die befürchteten Entwicklungen und möglichen Gefahren für alarmistisch und übertrieben ansieht, sollte zumindest die verbleibende Zeit für Maßnahmen eines umfassenden Katastrophenschutzes und einer Katastrophennachsorge mit Vernunft und Verantwortungsbewusstsein nutzen – solange es noch möglich ist.

---

[6] Rau, Johannes, Friede als Ernstfall. Reden und Beiträge des Bundespräsidenten, herausgegeben von Dieter S. Lutz, Baden-Baden 2001, S. 350.

Fritz Sack

Innere Sicherheit und offene Gesellschaft

Vorbemerkung

Als mich Frau Bittscheidt im Oktober 2001 bat, an der Vortrags- und Diskussionsreihe »Der 11. September und die Folgen« teilzunehmen, habe ich spontan zugesagt – angesichts der Ungeheuerlichkeit des Geschehens, dem in einer Institution wie der Universität nur mit Reden, Reflexion und Analyse zu begegnen ist. Bis heute sind die Art und Weise der Tötung, das Ausmaß der Opfer von Tausenden – nach unser aller Verständnis – unschuldigen Menschen, die Beziehungslosigkeit zwischen Opfer und Täter sowie das Ausmaß auch der materiellen Schäden der Zerstörung des World Trade Centers in New York und des Pentagon in Washington D.C., durch zum Einsatz ihres Lebens und zur Märtyrerrolle bereite junge Menschen für mich – ich denke: wie für uns alle – eine besondere Herausforderung.

Als sozialwissenschaftlicher Kriminologe, der das Konzept der Kriminalität und die in seine legitimatorische und institutionelle Logik eingelassene staatliche und gesellschaftliche Verarbeitung und Reaktion prinzipiell kritisiert, staatliche Gewaltanwendung eher als Symptom und Signal zur Lokalisierung denn als Lösung von Problemen betrachtet, frage ich mich, ob eine solche Perspektive nicht halt machen muss vor einem Geschehen wie dem des »nine-eleven«, wie die Amerikaner den Verlust des Glaubens an ihre bis dahin erfahrene – und gelebte – Unverwundbarkeit von außen lakonisch benennen. Ich muss gestehen, dass ich Frau Bittscheidt, als sie mich an das Nahen meines Beitrags zu dieser Reihe erinnerte – freilich hatte ich diesen nicht aus den Augen verloren – und auch die schnelle Erstellung eines Manuskripts anmahnte, in Verlegenheit versetzte, indem ich von der Versuchung sprach, vor dem Thema und der Veranstaltung zu kapitulieren. Zwar haben sich die Gründe für einen solchen Rückzug bis zum Tag meines Vortrags nicht entscheidend geändert, aber ich habe mir gesagt, dass ich meine eigenen Fragen und Probleme einfach in meine Überlegungen einbeziehen und meine Beteiligung an dieser Veranstaltungsreihe mehr unter ihren Diskussions- als unter ihren Vortragsakzent setzen sollte. Den Ehrgeiz, Antworten und Lösungen im Angesicht des Geschehenen zu geben, habe ich nicht, und ich denke auch, man kann sich an sie nur sehr tastend und nach allen Seiten schauend heranmachen.

Mir lag deshalb bei der Formulierung des Themas sehr daran, meine Überlegungen nicht ausschließlich auf die Folgen und Implikationen des Anschlags auf das World Trade Center zu richten. Ganz im Gegenteil: So wie der Titel meines Beitrags jetzt lautet – »Innere Sicherheit und Offene Gesellschaft« – vermeidet er fast schon jeden Bezug auf die spezifischen Ereignisse der manichäischen Konfrontation zwischen einer säkularisierten Zivilisation des Westens und einer sich als »Gotteskrieger« verstehenden und sich auf den Islam berufenden extremistischen Fraktion dieser Weltreligion. Dennoch lassen sich meine Überlegungen natürlich nur um den Preis kaum mehr Ernst genommener Elfenbeinturmträumerei von dem historisch-aktuellen Kontext reinigen und freihalten. Allerdings geht es mir auch darum, in die Betrachtung Erfahrungen und Erkenntnisse einzubeziehen und ihre analytische Triftigkeit auch in Bezug auf die Anschläge vom 11. September 2001 zu erproben, mit denen ich mich in anderen Zusammenhängen beschäftigt habe.

Diese anderen Zusammenhänge bestehen – jenseits der zur Routine zählenden Beschäftigung eines Kriminalsoziologen mit Fragen der Kriminalität und des gesellschaftlichen und staatlichen Umgangs mit ihr – in zwei spezifischen Vorerfahrungen und Arbeitsschwerpunkten meines wissenschaftlichen Interesses. Das eine Forschungsfeld liegt zwar schon länger zurück, hat dafür aber einen unmittelbaren Bezug zu den schrecklichen Ereignissen, die uns seit dem 11. September abwechselnd in Trauer, Wut, Lähmung, Hilflosigkeit, öfter vielleicht, wenn auch – der Natur der Sache gemäß – uneingestanden, in ein tiefes Verlangen nach Vergessen, Verdrängung und Wirklichkeitsflucht versetzt.

Ich war Ende der 70er Jahre an dem regierungsamtlichen Bemühen beteiligt, dem deutschen Terrorrismus wissenschaftlich zu Leibe zu rükken.[1] Dabei ging es mir vor allem auch um die Anteile des Staates und seiner Sicherheitsorgane an Verlauf und Eskalation von sozialen und politischen Konflikten bis hin zu Konstellationen der wechselseitigen physischen Vernichtung, die im bekannten deutschen Herbst 1977 kulminierte.[2]

Das zweite Forschungsfeld, von dem ich mir Einsichten zum Thema, wie weit und in welcher Weise innere Sicherheit und offene Gesellschaft sich zu einander verhalten, erhoffe, ist jüngeren Datums. Seit etlichen Jahren lässt mich das Problem nicht mehr los, dass Innere Sicherheit sich immer mehr zu dem alles überragenden, alle anderen öffentlichen Angelegenheiten verdrängenden Gegenstand politischen und öffentlichen Interesses, ja: zu einer Art gesellschaftlicher Belagerung und – wie es ein Beobachter der amerikanischen Kriminalpolitik bezeichnet hat – wahren »Obsession« hoch geschaukelt hat[3] – bzw. hoch geschaukelt worden ist. Ich will diese Frage beibehalten, auch wenn sie angesichts des Anschlags auf das World Trade Center für manchen den Anflug von Häme, Hohn oder gar Blasphemie haben mag. So sehr das Geschehen vom 11. September jeder Form und Möglichkeit nicht nur virtueller, sondern höchst realer und existenzieller Bedrohung Nahrung und Wahrscheinlichkeit des Eintretens verleiht, um so nachhaltiger drängt sich die Notwendigkeit auf, den Umgang mit diesen Bedrohungen nicht von diesen selbst, sondern von Kriterien abhängig zu machen, die sich vor allem auf die Reaktion auf sie beziehen, d.h. sich nicht von der eigenen, noch so verständlichen »Obsession« bestimmen zu lassen. Dies ist eine Schlussfolgerung, die in meinen Überlegungen vielleicht ein wenig zu früh kommt. Ich will versuchen, statt sie apodiktisch zu fordern, ihr Plausibilität zu verleihen.

[1] Bundesministerium des Innern, Hrsg., Analysen zum Terrorismus, 5 Bände, Opladen 1981-1984.

[2] F. Sack, Die Reaktion von Gesellschaft, Politik und Staat auf die Studentenbewegung, in: F. Sack u. H. Steinert, Protest und Reaktion, Bd. 4/2 der Analysen zum Terrorismus, Opladen 1984, S. 105-226.

[3] Vgl. St. A. Scheingold, The Politics of Street Crime. Criminal Process and Cultural Obsession, Philadelphia 1991: »Americans are obsessed with street crime« (S. XI).

1. Die Permanenz und Kontinuität Innerer Aufrüstung[4]

Ich beginne mit einem Blick auf Ausbau, Erweiterung, Strukturveränderung, Effizienzsteigerung der Sicherheitsbehörden. Dabei beschränke ich mich nicht auf die deutsche Entwicklung, sondern werfe auch gelegentlich einen Blick auf analoge Prozesse in anderen Ländern, weil dadurch die Ursachen dieser Entwicklung näher rücken und leichter fallen. Ich gehe zunächst auf den neuerlichen Schub auf diesem Politikfeld ein, den wir als staatliche Reaktion auf die Anschläge auf das World Trade Center und das Pentagon erleben. Ich kann mich auf Andeutungen und Stichworte beschränken, die helfen, die seit Mitte September 2001 über Medien, Verlautbarungen, Veranstaltungen verbreiteten Informationen zu erinnern, denen zu entgehen kaum eine Chance bestand.

1. Da wurde in der Bundesrepublik als erstes eine massive Aufstockung der Ressourcen der Sicherheitsdienste um drei Mrd. DM beschlossen, zu finanzieren aus der Erhöhung der Tabak- und Versicherungssteuer. Damit soll die Personalstärke insbesondere im Bereich des Bundesgrenzschutzes um 2.320 Personen erhöht werden. Nach Expertenschätzungen läuft diese Mittelerhöhung auf eine 10%ige Steigerung des BMI-Haushalts und für die Geheimdienste nahezu auf eine Verdoppelung der Mittel hinaus. Im gleichen Zuge wurden zwei materielle Gesetzesnovellierungen vorgenommen: das sog. Vereinsprivileg für religiöse Gesellschaften wurde aufgehoben; dem § 129a StGB – ein Überbleibsel aus der Anti-Terroristengesetzgebung aus der Zeit des deutschen Herbstes, für dessen Abschaffung wegen weitgehenden Fortfalls seines Anlasses Bürgerrechts- und Menschenrechtsgruppen seit langem streiten – wurde ein § 129b an die Seite gestellt, um auch einen strafrechtlichen Zugriff auf ausländische terroristische Vereinigungen zu ermöglichen.

---

[4] Den überwiegenden Teil der Informationen habe ich – über die Suchmaschinen – dem Internet entnommen. Suchworte dafür waren: »Anti-Terror-Gesetze«; »Otto-Kataloge«; »Rasterfahndung«; »Schleierfahndung« u.a. Als besonders ergiebig erwies sich die Homepage von »Cilip«. Ich weise sie nicht im Einzelnen nach; lediglich bei wörtlichen Zitaten gebe ich die Fundstelle an.

2. *Parallel zu diesem ersten Gesetzespaket,* das bereits am 30.11.2001 in Kraft trat, *schnürten die Regierenden ein weitaus wichtigeres, die bisherigen Befugnisse der Sicherheitsbehörden erweiterndes und ihre Kompetenzstrukturen erheblich veränderndes Anti-Terror-Paket,* das am 20.12.2001 nach intensiven und kontroversen Diskussionen innerhalb und zwischen den Parteien mit – wie es im politischen Jargon gerne heißt – »überwältigender Mehrheit« die letzte parlamentarische Hürde genommen hat und mittlerweile geltendes Recht dieser Republik ist. Dieses Paket enthält Novellierungen von insgesamt nahezu 20 Gesetzen – sämtliche zentralen Sicherheitsdienste (BKA, BVS, MAD, BND, BGS) betreffend; verschiedene ausländerrechtliche Gesetze und Vorschriften erfassend; ausgedehnt auch auf sicherheitsrechtliche Gesetze, auf Pass- und Personalausweisgesetz; das Vereinsgesetz, ja selbst das Sozialgesetzbuch ist zwecks erweiterter Rastermöglichkeiten nicht verschont geblieben.

Ein Blick auf die offiziellen Ziele und Zwecke, so wie sie in der Vorlage der Bundesregierung vom 2.11.2001 notiert sind, offenbart die strukturelle Reichweite und die strategischen Ziele der Novellierungen. So geht es unter der generellen Problem- und Zielvorgabe einer »Fortentwicklung der gesetzlichen Instrumente« angesichts des »Ausmaßes«, der »Logistik« sowie der »grenzüberschreitenden Strategie« des »internationalen Terrorismus« darum – dies nur exemplarisch und nicht erschöpfend –,

- »den Sicherheitsbehörden die nötigen gesetzlichen Kompetenzen zu geben«;
- »den Datenaustausch zwischen den Behörden zu verbessern«;
- »bereits die Einreise terroristischer Straftäter nach Deutschland zu verhindern«;
- »bereits im Inland befindliche Extremisten besser zu erkennen«;
- »Rechtsgrundlagen für die Aufnahme biometrischer Merkmale in Pässe und Personalausweise zu schaffen«;
- (eine besonders eigenwillige Begründung – F.S.) »den Gebrauch von Schusswaffen in zivilen Luftfahrzeugen Polizeivollzugsbeamten vorzubehalten«;
- »die Sozialdaten wirkungsvoller bei der Rasterfahndung zu verwenden«.

3. Die gravierendsten Novellierungen betreffen zum einen den Kompetenzzuwachs des Bundeskriminalamts (BKA) mit der Möglichkeit, von sich aus Ermittlungen zu erheben, die es für notwendig erachtet, ohne dazu beauftragt zu sein und ohne einen konkreten Anfangsverdacht. Dies bedeutet zum einen eine Erweiterung ihrer Exekutivbefugnisse gegenüber den Vollzugspolizeien der Länder, zum anderen eine geheimdienstliche Aufgabenerweiterung. Sodann sind die institutionellen Abgrenzungen und Durchlässigkeiten zwischen Geheimdiensten und den Exekutivbehörden entscheidend erweitert und verbessert worden. Damit ist das verfassungsrechtlich abgesicherte Trennungsgebot zwischen Geheimdiensten, die der reinen Informationsgewinnung für umgrenzte Ziele und Zwecke dienen, und den polizeilichen Behörden, die der Verfolgung von Straftaten und der Abwehr von Gefahren dienen, durchlöchert und zu einem Teil preisgegeben.

Sodann sind die erweiterten Informationsbefugnisse der Geheimdienste gegenüber Unternehmen und Einrichtungen der Telekommunikation, der Postdienstleistungen, von Finanzleistungen und Luftfahrtunternehmen zu nennen. Und natürlich sind all jene verschärfenden Novellierungen der diversen Gesetze zu nennen, die den Zugang, den Aufenthalt, die Identifizierung, die Bewegung, den Verbleib und die Aktivitäten nicht-deutscher bzw. ausländischer Bürger betreffen. Mehr noch als bisher ist diese Gruppe die wohl staatlich am intensivsten kontrollierte und überwachte Teilgruppe der Gesellschaft überhaupt.

4. Exkurs zur Rasterfahndung: der exemplarische Beleg der Kontinuität.[5] Die Gruppe der Ausländer ist es auch, die mir willkommener Anlass ist, als Letztes auf einen Teilaspekt der Verschärfung staatlicher Sicherheitspolitik im Anschluss an den Anschlag auf das World Trade Center gesondert einzugehen. Art. 18 des Terrorrismusbekämpfungsgesetzes verfügt eine Novellierung des § 68, Abs. 3 des zehnten Buches des Sozialgesetzbuches. Darin heißt es: »Eine Übermittlung der ... So-

---

[5] Auch hier habe ich nachhaltig von dem Informationsangebot des Internet profitiert. Insbesondere verzeichnet das Suchwort »Rasterfahndung« einen Hinweis auf die »Goethe-Universität Frankfurt« und auf den dortigen Experten »Dr. Johann Bizer«.

zialdaten, von Angaben zur Staats- und Religionsangehörigkeit, früherer Anschriften der Betroffenen, von Namen und Anschriften früherer Arbeitgeber der Betroffenen sowie von Angaben über an Betroffene erbrachte oder demnächst zu erbringende Geldleistungen ist zulässig, soweit sie zur Durchführung einer ... zulässigen Rasterfahndung erforderlich ist.« Es handelt sich hier allerdings lediglich um eine Ergänzung und Erweiterung eines den Sicherheitsbehörden verfügbaren Instruments repressiver und präventiver Kontrolle, das nicht erst seiner gesetzlichen Inaugurierung bedurfte, um eingesetzt und angewandt zu werden.

In der Tat liefen schon wenige Tage nach dem 11. September bundesweit Rasterfahndungen an den Universitäten an. Sie wurden gerichtlich angeordnet und hatten die Identifizierung der sog. »Schläfer« zum Ziel, jener unter uns lebenden Nachbarn voller scheinbarer Harmlosigkeit und Normalität, die sich hinter unserem Rücken auf schreckliches Tun vorbereiten und auf Abruf halten. Die Funktionsweise der Rasterfahndung erfolgt mehr oder weniger einheitlich in allen Bundesländern. Nach einem vom Bundeskriminalamt vorgegebenen Raster, das einem aus kriminalistischen Befunden hergeleiteten Täterprofil entspricht (drei Hamburger Selbstmord-Attentäter!), werden Datenbestände verschiedener behördlicher oder außerbehördlicher Herkunft zusammengeführt und auf die Identifizierung von Personen bzw. Merkmalsträgern der gesuchten Art kontrolliert. Das Bundeskriminalamt hat unmittelbar nach dem 11. September eine »Verbunddatei Schläfer« installiert.

Bei der jetzt in Gang befindlichen Rasterfahndung zur Aufspürung von Schläfern bzw. potenziellen Attentätern sieht das Rasterprofil – gemäß Gerichtsbeschlüssen aus verschiedenen Bundesländern – etwa wie folgt aus: Alter zwischen 18 und 40 Jahre, islamische Religionszugehörigkeit, Meldeanschrift jeweiliges Bundesland, Student bzw. ehemaliger Student der Universität des jeweiligen Bundeslandes, legaler Aufenthaltsstatus ohne räumliche Beschränkung, keine kriminalpolizeilichen Erkenntnisse, keine Kinder, finanziell autark (nicht nachvollziehbare, unregelmäßige Zahlungseingänge auf ein Konto), Reisetätigkeit, Flugausbildung. Personen mit diesen Merkmalen werden einer näheren Untersuchung unterzogen. Diese Ermittlungen erlauben auch Übermittlungen an andere Polizeistellen sowie an den Verfassungsschutz.

Adressaten dieser Übermittlungsverlangen sind andere öffentliche oder nichtöffentliche Stellen, die über abrufbare Datenbestände verfügen, beispielhaft für den öffentlichen Bereich: Meldebehörden, Bundesamt für den Luftverkehr, Ausländerzentralregister, für den nichtöffentlichen Bereich: Telekommunikationsunternehmen, Stromunternehmen, Krankenversicherungen, Reinigungsfirmen, Cateringunternehmen u.ä. Einer Information aus dem Internet zufolge hat sich auch das BKA an diesen Aktivitäten beteiligt, sich dabei an Energieversorgungsunternehmen, Forschungseinrichtungen, sogar an Branchenverbände zwecks – freiwilliger – Mithilfe gewendet. Der Adressatenkreis ist allerdings nicht grenzenlos: »Rechtsvorschriften über ein Berufs- oder besonderes Amtsgeheimnis bleiben unberührt«, wie es z.B. im hessischen Polizeirecht heißt und wie es bundeseinheitlich gilt. Dies ist der Grund, warum im Zuge des 2. Sicherheitspakets die oben erwähnte Novellierung des Sozialgesetzbuches erfolgt ist.

In welchem Umfang die Rasterfahndung bislang erfolgt ist, ist wegen der dezentralisierten Struktur der Polizei und der notorischen Informationsunwilligkeit der staatlichen Bürokratie nicht auszumachen. Insgesamt geht die Zahl der Personen, auf die die Rastermerkmale zutreffen, in den fünfstelligen Bereich.[6] Man hört, dass die Polizei über den Arbeitsanfall ächzt. Auch hat man bislang noch von keinen Erfolgsmeldungen – wie auch immer gemessen – gehört. Indessen formiert sich an den verschiedenen Orten Widerstand. Ich verweise nur auf die am 15.1.2002 ergangene Entscheidung des Berliner Landgerichts, das die Rasterfahndung an der Humboldt-Universität wegen Nicht-Vorliegens der Voraussetzungen dieser Fahndungsmaßnahme für nicht rechtens erklärt und die Verwendung der Daten untersagt hat. Die »bloße Möglichkeit, dass es zu terroristischen Handlungen kommen könnte« rechtfertige eine Rasterfahndung nicht, »sondern nur eine Gefahr, die zu sofortigem Einschreiten nötigt, um konkret drohende Schä-

---

[6] Für Berlin spricht das »Privacy Magazine Prima« des Berliner Beauftragten für Datenschutz vom 11.2.2002 unter Berufung auf die Frankfurter Rundschau vom gleichen Tag von 58.000 Datensätzen – diese sind wohl nicht 1:1 in gerasterte Personen umzurechnen, die Anzahl macht aber die in diese Fahndungsmaßnahme investierte Arbeit deutlich.

den zu vermeiden«.[7] Gemäss der Pressemitteilung der deutschen Vereinigung für Datenschutz spielten für die Argumentation und Entscheidung des Gerichts die erfolglos gebliebenen intensiven Ermittlungen des Berliner LKA ebenso eine Rolle wie eine Reihe von Entwarnungsverlautbarungen der Bundesregierung einschließlich ihres Innenministers hinsichtlich der terroristischen Sicherheitslage in der Bundesrepublik.[8]

Dieses etwas längere Eingehen auf die Rasterfahndung diente mir nicht nur dazu, die Diskussion näher an den konkreten und erfahrenen Alltag der Universität heranzubringen, sondern auch die rein operative Ebene der Sicherheitsbehörden an einem Beispiel etwas durchsichtiger zu machen. Darüber hinaus repräsentiert die Rasterfahndung ein Stück Kontinuität der Tendenzen in der Sicherheitspolitik über die Zäsur staatlichen Selbstverständnisses und strafrechtlicher Sozialkontrolle hinaus, die vielfach mit den September-Anschlägen verbunden wird. Schließlich lässt sich am Beispiel der Rasterfahndung exemplarisch demonstrieren, in welcher Weise das staatliche Instrumentarium zur Gewährleistung Innerer Sicherheit umgebaut wird. Mehr und mehr löst es seine Eingriffsvoraussetzungen von den engen Bedingungen individuellen Verdachts gegenüber einem mutmaßlichen Täter des Strafrechts oder einem potenziellen Störer des Polizeirechts ab, begründet Interventions- und Ermittlungsbefugnisse über diesen Personenkreis hinaus und verlegt den Zeitpunkt der Intervention mehr und mehr in den Raum vor Tat und Störung. Ich komme auf die Kontinuität dieser Entwicklung in Bezug auf die deutsche Situation sogleich noch einmal zurück. Zunächst möchte ich einen Moment den Blick auf die anti-terroristische Aufrüstung außerhalb Deutschlands, speziell auf die USA, richten.

---

[7] Zitiert nach Pressemitteilung vom 23.1.2002 der Deutschen Vereinigung für Datenschutz (DVD).

[8] In schneller Folge haben mittlerweile zwei weitere Gerichte – das Landgericht Wiesbaden am 6.2. und das Oberlandesgericht Düsseldorf am 12.2.2002 – die Rechtmäßigkeit der Rasterfahndung verneint – mit analogen Gründen wie das LG Berlin. Das LG Wiesbaden verlangt als Eingriffsvoraussetzung das Vorliegen einer »Gefahr mit an Sicherheit grenzender Wahrscheinlichkeit«, das OLG Düsseldorf hält die Maßnahme nur für »Staatsangehörige eines verdächtigten Landes, nicht jedoch für deutsche Staatsangehörige für zulässig«.

5. Anti-Terrorismus-Gesetze in anderen Ländern: Andere westeuropäische Staaten haben wie Deutschland mittlerweile analoge Anti-Terror-Gesetze auf den Weg gebracht – so Italien, Spanien, Großbritannien, Frankreich. Wie kaum anders zu erwarten – aus Gründen der unmittelbaren Betroffenheit nicht, aber auch nicht aus historischen und strukturellen Gründen – haben die USA eine Vorreiterrolle in der Anti-Terror-Gesetzgebung gespielt. Ihre gesetzgeberischen Organe haben bereits am 24.10.2001 den sogenannten »USA Patriot Act« auf den Weg gebracht, im Vergleich zu dem sich die deutschen Bestimmungen mehr als harmlos ausnehmen. Schon der Name – ein Akronym – ist voller nationaler Entschlossenheit und Emotion: USA wie: »Uniting and Strengthening America«; Patriot wie: »Providing Appropriate Tools Required to Intercept and Obstruct Terrorism«.

Ich greife einige Einzelheiten heraus, die ich einer Information der »Le Monde diplomatique«[9] entnehme. Für die strafrechtliche Verurteilung der Attentäter wurde eine militärische Sondergerichtsbarkeit etabliert, deren Gerichte aus Militärs im Offiziersrang bestehen, die auf Kriegsschiffen oder Militärstützpunkten ihr Recht sprechen, Schuld per Zweidrittel-Voten feststellen, geheim verhandeln und die Öffentlichkeit generell im nationalen Interesse ausschließen können; auch ist das heimliche Abhören der Kontakte und Gespräche zu den Anwälten vorgesehen. Die Befugnisse der Sicherheitsbehörden in der Phase der Ermittlungen erstrecken sich u.a. auf die Inhaftierung mutmaßlicher Terroristen auf unbestimmte Zeit, die Möglichkeit ihrer Deportation und Verbringen in Isolationszellen, natürlich auf die Überwachung aller Kommunikationen nach außen, die Durchführung von Hausdurchsuchungen ohne richterliche Erlaubnis. Bislang sind bereits – einer Information der genannten Quelle zufolge – 1.200 Ausländer verhaftet worden, von denen sich 600 nach wie vor – »ohne Gerichtsurteil und ohne Rechtsbeistand« – in Haft befinden und von denen viele noch nicht einmal einem Richter vorgeführt wurden.

Das sind die bisher erfolgten gesetzgeberischen und justiziellen Reaktionen in den USA. In der seriösen öffentlichen Diskussion – FBI, Newsweek, CNN – werden andere »tools« diskutiert und für möglich

---

[9] Ignacio Ramonet, Freiheit ade!, Le Monde diplomatique, Beilage der tageszeitung vom 11.1.2002, S. 1.

gehalten: die Auslieferung von Angeklagten an befreundete Diktaturen, wegen der dort praktizierten »rauen und wirksamen« Verhörmethoden; Folter als das gegenüber dem Terrorismus geringere Übel, zumal, so eine andere Stellungnahme, auch »ein demokratischer Staat wie Israel nicht davor zurückschrecke, 85% der palästinensischen Häftlinge zu foltern.« Angesichts der Umstände, unter denen die Taliban und Al-Qa'ida Gefangenen auf dem amerikanischen Militär-Stützpunkt Guantanamo gehalten werden, ist die Folter nicht nur ein Gedankenspiel, sondern bittere Realität. »Die Woche« titelte einen Bericht über die Lager-Situation in ihrer Ausgabe vom 24.1.2002 mit den Worten: »Weiße Folter – stiller Tod«.

6. Die Kontinuität der Inneren Aufrüstung en détail: Ich komme zurück auf den vorhin schon gegebenen Hinweis, dass die Rasterfahndung ihre Existenz bekanntlich nicht erst der Suche nach islamistischen »Schläfern« in der Bundesrepublik verdankt. Vielmehr verweist sie auf den deutschen Herbst und die Suche nach Mitgliedern deutscher terroristischer Gruppen in den 70er und 80er Jahren. Sie wurde damals von dem legendären Chef des BKA, Horst Herold, entwickelt und bundesweit eingesetzt, wobei bei ihrem ersten Einsatz insbesondere Energieversorgungsunternehmen als Informanten zu Kunden befragt wurden, die ihre Stromrechnungen bar und über den Tresen bezahlten. Soweit mir bekannt, geht der gute Ruf dieses Fahndungsinstruments auf die mit ihm auf diese Weise gefundene Spur zu einem der damaligen RAF-Angehörigen zurück.

Neben der reinen Kontinuität dieses Fahndungsinstruments ist der Anlass und der Kontext seiner Entstehung für meine Überlegungen von besonderer Bedeutung. An ihm lassen sich nämlich einige fast schon als Gesetzmäßigkeiten zu bezeichnende staatliche Praktiken und Strategien insbesondere auf dem Feld der Inneren Sicherheit beobachten. Zum einen ist die Rasterfahndung ein Beispiel für das Vorauseilen der Faktizität staatlicher Kontrollstrategien vor ihrer rechtlichen Legitimierung und Legalisierung. Als sie erstmalig in dem genannten Kontext der deutschen Terroristenfahndung eingesetzt und erprobt wurde, stand sie als normierte und gesetzlich fixierte Befugnis weder polizeirechtlich noch strafprozessual zur Verfügung. Erst Anfang der 90er Jahre fand sie nach heftiger und langwieriger Debatte Eingang in die Strafprozessordnung. Zum anderen dient die Rasterfahndung aber auch als Beleg dafür, dass solche Befugnisse und Kompetenzerweiterungen, obwohl ursprünglich auf einen konkreten Zweck und Anlass bezogen, regelmäßig eine dauerhaftere Bestandskraft haben als die Umstände, die sie auf den Weg brachten. Diese Beobachtung ist weder originell noch für Deutschland einzigartig. So notiert der Frankfurter Strafrechtswissenschaftler P.-A. Albrecht in seinen Bemerkungen zum Strafverfahrensänderungsgesetz vom 1.11.2000 lakonisch: »All diese Maßnahmen sind aus der prozessualen Praxis längst bekannt. Der wesentliche Unterschied ist: Die Rechtsgrundlagen für diese Maßnahmen sind jetzt vorhanden. Das ist aber auch schon alles.«[10]

Es lassen sich noch einige andere Belege und Beispiele für die These beibringen, dass die Schärfung und Erweiterung des Instrumentariums auf dem Feld der Inneren Sicherheit, wie wir sie derzeit in Reaktion auf die September-Anschläge erleben, sich in einen nachhaltigen Trend einfügen lassen, der seit den 70er Jahren zu beobachten ist. Es fehlen hier Raum und Zeit, um detailliert darauf einzugehen. Stichworte müssen reichen und rufen hinreichend Informationen und Kenntnisse ab, um das Gemeinte zu vergegenwärtigen und für die Argumentation verfügbar zu machen.

7. Die »Tendenzwende« der Liberalisierung des Strafrechts: die Terroristen-Gesetze. Für diese Rekonstruktion muss man in der Tat zurückgehen bis in die Zeit der sog. Anti-Terroristengesetze.[11] Innerhalb von wenigen Jahren – 1974 bis 1978 – sind insgesamt sechs größere straf- und polizeirechtliche Gesetzesnovellierungen über die Bühne gegangen und haben damit eine – wie ein damaliger Beobachter formulierte – »Tendenzwende in der Straf- und Strafprozessgesetzgebung«[12] be-

---

[10] Vgl. P.-A. Albrecht, Vom Unheil der Reformbemühungen im Strafverfahren. Bemerkungen zum Strafverfahrensänderungsgesetz vom 1.11.2000, in: Der Strafverteidiger 7/2001, S. 416-420, 416. Dass sich darin ein sehr formales, ja: zynisches Rechtsstaatsverständnis ausdrückt – rechtsstaatlich ist, was durch Gesetze positiviert ist – kann hier nur angemerkt, nicht weiter ausgeführt werden.

[11] Vgl. hierzu insgesamt: U. Berlit und H. Dreier, Die legislative Auseinandersetzung mit dem Terrorismus, in: F. Sack und H. Steinert, a.a.O: (Anm. 2), S. 227-318.

[12] Vgl. U. Ebert, Tendenzwende in der Straf- und Strafprozessgesetzgebung, in: Juristische Rundschau 1978, S. 136-142; ferner: Berlit u. Dreier, a.a.O., S. 245f.

wirkt. Als Tendenzwende erschien die Terroristen-Gesetzgebung vor allem vor dem Hintergrund der sog. kleinen Strafprozessreform aus dem Jahre 1964. Im Einzelnen wurden die Befugnisse im Ermittlungsverfahren, also von Polizei und Staatsanwaltschaft erweitert – durch umfänglichere Durchsuchungsspielräume (Gebäude statt Wohnungen), Identitätsfeststellungen bei Nicht-Verdächtigen, Einführung von Kontrollstellen. Der § 129a bedeutete eine weitgehend ins Vorfeld von Straftaten verlagerte Strafbarkeit – U. Berlit und H. Dreier sprechen von »Bestrebungsbestrafung«.[13] Eine große Rolle spielten die Beschränkung und Beschneidung von Verteidigerrechten und die Schmälerung des Status der Beschuldigten im Gerichtsverfahren.

Keinesfalls, so muss man vor dem nun zu skizzierenden Fortgang der Entwicklung sagen, ist diese damals aus Anlass der Anti-Terror-Gesetze konstatierte Tendenzwende von einer erneuten Tendenzwende abgelöst worden. Der eingeschlagene liberale Weg auf dem Feld der Inneren Sicherheit und der Kriminalpolitik und der sie garantierenden Gesetze ist keineswegs wieder betreten worden, sondern erwies sich insgesamt als eine Eintagsfliege in der Schönwetterperiode der Bundesrepublik, aus heutiger Sicht eher als ein historischer Irrtum und Ausrutscher auf einem Weg, der bis dahin und seither in eine andere Richtung geht.

8. Neue Bedrohungsszenarien: die Organisierte Kriminalität und die Verallgemeinerung gesellschaftlicher Bedrohung.[14] Nicht nur wurden die im Zuge der Terroristen-Gesetzgebung erfolgten Änderungen des Straf- und Polizeirechts nicht rückgängig gemacht, sondern die Novellierung des verfahrens- und materiellrechtlichen Instrumentariums wurde unter neuen spezifischen und allgemeinen Bedrohungs-Szenarien auf dem Feld der Inneren Sicherheit in der eingeschlagenen Richtung vorangetrieben. Auch dazu möchte ich lediglich einige erinnernde und vergegenwärtigende Stichworte nennen. Ein besonderes Tempo und deutliche Beschleunigung der Befugniserweiterung und der Aufrüstung

---

[13] Vgl. Berlit und Dreier, a.a.O., S. 245.

[14] Ohne Nachweise im Einzelnen beziehe ich mich im Folgenden auf die verdienstvolle Monographie von F. Roggan, Auf legalem Weg in einen Polizeistaat. Entwicklung des Rechts der Inneren Sicherheit, Bonn 2000.

des Instrumentariums der Herstellung und Gewährung Innerer Sicherheit war einerseits die Organisierte Kriminalität, die insbesondere mit dem Zusammenbruch der real-sozialistischen Gesellschaften als übergroße Bedrohung von außen »inszeniert« wurde. Dabei hatte man gelegentlich den Eindruck, dass die Diskrepanz zwischen der beschworenen Bedrohung und den kriminalistisch nachweisbaren Befunden und Belegen die besondere Bedrohung der Gesellschaft durch die Organisierte Kriminalität signalisierte: sie schien schon so gut organisiert und in den Gesellschaftskörper »integriert«, dass sie neben ihren Aktivitäten selbst auch ihre eigene Sichtbarkeit kontrollierte.

Neben der Organisierten Kriminalität und ihren Begleiterscheinungen im Bereich der Finanztransaktionen (Geldwäsche) avancierte ein generelles Bedrohungsgefühl Ende der 80er Jahre, mit besonderer Beschleunigung nach dem Fall der Berliner Mauer und der Vereinigung beider deutscher Staaten, auf die politische und öffentliche Tagesordnung. Es waren dann auch die 90er Jahre, die zwei bedeutende gesetzgeberische Entwicklungsschübe auf der Bundesebene des Strafrechts sowie eine Reihe, meist unterhalb der großen Öffentlichkeitsaufmerksamkeit bleibender kleinerer Schübe auf der Länderebene des Polizeirechts brachten. Im Jahre 1992 wurde das sog. OrgKG, das »Gesetz zur Bekämpfung des illegalen Drogenhandels und anderer Erscheinungsformen der organisierten Kriminalität« und schon zwei Jahre später, 1994, wurde das Verbrechensbekämpfungsgesetz erlassen, das im Wesentlichen Änderungen materiell-rechtlicher und strafprozessualer Art mit sich brachte. Weitere, punktuelle Änderungen folgten in den nächsten Jahren.

Was novellierten diese Gesetze im Einzelnen? Für das Polizeirecht stellt ein Beobachter fest: »Es findet sich in den neuen Polizeigesetzen keine einzige Vorschrift, die die Aufgaben und Befugnisse der Polizeien im Vergleich zur bisherigen Gesetzeslage einschränkte oder bislang schon praktizierte Polizeimaßnahmen ... verbot.«[15] Exemplarisch, nicht vollständig seien einige dieser Verschärfungen notiert. In polizeirechtlicher Hinsicht sind u.a. die folgenden Befugnis- und Kontrollerweiterungen erfolgt:

---

[15] Vgl. F. Roggan, a.a.O., S. 17.

- der Polizeigewahrsam wurde zeitlich und tatbestandsmäßig ausgebaut (4-14 Tage);
- verdeckte Ermittlungen und verdeckte Datenerhebung (sog. Lauschangriffe, kleine wie große, auch mit technischen Geräten) wurden gesetzlich zugelassen;
- das viel diskutierte Instrument der Schleierfahndung[16] – das sind verdachts- und ereignis- bzw. anlass-unabhängige Personenkontrollen – sind im grenznahen Bereich (30 km) sowie auf Hauptverkehrswegen und öffentlichen Einrichtungen des internationalen Verkehrs länderrechtlich und auch für den Bundesgrenzschutz zugelassen, zuerst 1994 von Bayern eingeführt;
- die Video-Überwachung von öffentlichen Plätzen sowie Veranstaltungen ist zulässig;
- Verhängen von Aufenthaltsverboten.

In strafprozessualer und -rechtlicher Hinsicht seien die nachstehenden neuen bzw. erweiterten Interventionsbefugnisse genannt:

- erweiterte U-Haftgründe: Wiederholungsgefahr nicht mehr an Vorverurteilung gekoppelt;
- Erweiterung der Telefonüberwachung zur Verfolgung von Verletzungen des Ausländerrechts;
- Einschränkung von Verteidiger- und Beweisrecht im Zusammenhang mit der Einführung des beschleunigten Verfahrens (bis zu einem Jahr Freiheitsstrafe);
- ganz wichtig: 1998 Ermöglichung des großen Lauschangriffs;
- 1997: Einführung des »genetischen Fingerabdrucks« (DNA-Analyse).

Ich breche an dieser Stelle meinen positivistischen, rein deskriptiven Überblick über den Ausbau und die Erweiterung des Instrumentariums sowie über den Umbau der Zuständigkeiten zur Gewährleistung und Verbesserung der Inneren Sicherheit ab. Ich verzichte auf eine syste-

---

[16] Eine ausgezeichnete Diskussion dieses Fahndungsinstruments und seines exemplarischen Stellenwerts für den Strukturwandel staatlicher Kontrolle und Überwachung durch einen (polizeilichen) Insider gibt M. Herrnkind, »Schleierfahndung«. Institutionalisierter Rassismus und weitere Implikationen sogenannter verdachtsunabhängiger Polizeikontrollen. Vortragsmanuskript einer Tagung des Komitees für Grundrechte und Demokratie im Sept. 2000 in der Evangelischen Akademie Arnoldshain, im Erscheinen.

matische Zusammenfassung und belasse es bei dem hoffentlich erzeugten Eindruck, dass wir mit einer Entwicklung konfrontiert sind, die in der hier präsentierten Verdichtung beängstigend und in gewisser Weise hemmungs- bzw. grenzenlos scheint.

Ich habe mich im Übrigen hier ganz auf das »law in the books«, d.h. auf den Inhalt und die Instrumente der »primären Kriminalisierung«, beschränkt und stelle die Absicht weitgehend zurück, auch einen näheren Blick auf das »law in action« bzw. die Strukturen der »sekundären Kriminalisierung« zu werfen. Dieser Aspekt hatte mich besonders bei der eingangs erwähnten Beteiligung an der Untersuchung über die Ursachen des deutschen Terrorismus interessiert. Nur indirekt war dieser Aspekt weiter oben im Zusammenhang mit der Beobachtung zur Sprache gekommen, dass sich auf dem Feld der Sicherheitspolitik ein Muster der dem positiven Gesetz vorauseilenden Praxis konstatieren lässt, was ja nichts anderes heißt als die Einübung einer gesetzlich nicht gedeckten Kontrollpraxis. Eine derartige Strategie erfährt ihre Steigerung und ihre Gewalt eskalierende Brisanz durch die weitgehend ungeahndete Verletzung geschriebener Gesetze durch die Sicherheitsbehörden – Vorgänge und Geschehnisse, die im angelsächsischen Bereich als »police deviance« intensiv diskutiert werden, in der Bundesrepublik gemäß einer Palmström'schen Logik, dass nicht sein kann, was nicht sein darf, kaum der öffentlichen und offenen Diskussion zugänglich sind, vielfach schlicht geleugnet werden. Obwohl sich dieser Gedanke hier wegen seiner Komplexität nicht ausführlich erörtern lässt, gehört er wegen seiner rechtsstaatlichen Implikationen unmittelbar zum theoretischen und empirischen »Themenhof« meiner Fragestellung der Beeinträchtigung der »offenen Gesellschaft« durch die Politik der Inneren Sicherheit.[17]

---

[17] Der interessierte Leser sei insbesondere hierzu auf meine oben erwähnte Terrorismusstudie (Anm. 2) verwiesen. Dort spielt die Analyse der Verletzung und Ahndung bzw. Kontrolle von – auch strafbewehrten – Normen und Vorschriften durch die Sicherheitsbehörden eine strategische Rolle bei der Identifizierung der »Ursachen« der Eskalation von politischen Konflikten in die Gewalt. Sehr instruktiv für die Analyse war dabei die analoge Studie des amerikanischen Politologen I. Balbus unter dem Titel »The Dialectic of Legal Repression« (New York 1973). Darin wird am Beispiel von Rassenunruhen in Los Angeles, Detroit und Chicago aufgezeigt, dass in Situationen der tatsächlichen oder virtuellen Bedrohung auch Rechtsstaaten die Aufrechterhaltung der öffentlichen Ordnung mit dem

2. Ist die »offene Gesellschaft« durch die Politik der Inneren Sicherheit gefährdet?

Sind die vorstehend skizzierten gesetzgeberischen Entwicklungstendenzen der letzten drei Jahrzehnte auf dem Gebiet der Inneren Sicherheit vereinbar mit den Prinzipien und Strukturen einer »offenen Gesellschaft«, oder haben sie die Gesellschaft in einer Weise verändert, dass sie dieses Prädikat nicht mehr verdient oder rechtfertigt? Nach der Fülle und zum Teil hektischen Aufeinanderfolge der Novellierungen, Ergänzungen, Erweiterungen, Verschärfungen des Instrumentariums der Politik der Inneren Sicherheit mutet manchen schon die Frage als eine unerträgliche Zumutung und nur noch rhetorisch akzeptabel an.

Ganz offensichtlich hängt jedoch eine Antwort, die auf intersubjektive Verbindlichkeit und auf die Chance einer allgemeinen Akzeptanz aus ist, von den Kriterien bzw. den Parametern ab, an denen sich der Grad der Offenheit einer Gesellschaft ablesen lässt. Was genau ist damit gemeint und wie lässt sich diese Eigenschaft einer Gesellschaft feststellen? Ich muss gestehen, dass ich bei der Suche nach einem brauchbaren, praktizierten und befriedigenden Werkzeug zur Handhabung dieser Frage nicht recht fündig geworden bin. Auch ein Blick in die zweibändige Expertise von Sir Karl R. Popper über die »Offene Gesellschaft und ihre Feinde« aus dem Jahre 1944, geschrieben in den Kriegsjahren nach seiner Emigration aus Österreich im Jahre 1938, ist für die Zwecke meiner Argumentation und die Suche nach einer Antwort auf die Titel gebende Frage nur wenig hilfreich, obwohl sie bekanntlich für das Selbstverständnis der westlichen Welt einen bedeutenden Bezugspunkt darstellt. Kaum ergiebig ist sie für die Gewinnung von Argumenten, an denen sich ablesen ließe, ob und in welcher Weise die Elemente staatlicher Kontrolle, von denen im Vorstehenden die Rede war, den Weg in eine geschlossene Gesellschaft – dem von Popper bezeichneten Gegenstück der offenen Gesellschaft – weisen. Mit Kant gegen Platon, Hegel und Marx, ist die Grobstruktur der polemischen Analyse von Popper eine wenig brauchbare Interpretationsfolie für unsere Frage.

Preis der Verletzung der selbst auferlegten Regeln zu zahlen bereit sind. Ähnliches hat P. Schneider in seinem Buch »Unrecht für Ruhe und Ordnung. Ein Lehrbuch« (Zürich 1982) für die »Musterdemokratie« der Schweiz festgestellt.

Ebenso wenig ist es die von Popper entwickelte Gegenüberstellung von Gesellschaften traditioneller und tabuisierter Autoritätsstrukturen und solchen ohne vorgegebene Autoritäten und überindividuelle Bindungen in dem von Popper ausgearbeiteten, fast planetarischen Sinn.[18]

Statt mich in das Dickicht der Versuche globaler Typologien von Gesellschaften zu begeben oder mich dem fast zum Spiel geratenen Unternehmen einer zeitdiagnostischen Bestimmung gegenwärtiger Gesellschaften auszusetzen, dem sich nahezu jeder Soziologe, der etwas auf sich hält, verpflichtet fühlt,[19] möchte ich einen anderen Pfad auf dem Wege zu meinem Thema vorschlagen und vorführen. Ich habe jedoch versucht, meiner Frage dadurch etwas näher zu kommen, dass ich mir Urteile und Bewertungen von unterschiedlichen Akteuren und Experten etwas genauer angesehen habe, die als Urheber, Entschcider, Wissenschaftler oder Kritiker auf dem Feld der Politik der Inneren Sicherheit fungieren. Das Ergebnis dieser eher gegriffenen als methodisch angelegten Expertise möchte ich kurz skizzieren.

1. Die Stimme der dritten Gewalt. Voranstellen möchte ich eine nicht unwesentliche Feststellung: Alle gesetzlichen Verschärfungen und dargestellten Massnahmen usw. haben fast ausnahmslos auch vor Gerichten bestanden, sofern sie dorthin gebracht worden sind – für die Ebene der Legislative gilt dies meines Wissens lückenloser als für die der Exekutive. Das Einsetzen des Instruments der Rasterfahndung ist, wie wir oben sahen, auf gerichtlichen Widerstand gestoßen, und auch die Schlei-

[18] Vgl. vor allem Bd. 1, Kap. 10: »Die offene Gesellschaft und ihre Feinde«, wo er sich mit der von H. Bergson übernommenen Begrifflichkeit »offener« und »geschlossener« Gesellschaften auseinander setzt und sich um eine kategoriale Unterscheidung beider Gesellschaftstypen bemüht.

[19] Vgl. hierzu die verdienstvolle Zusammenstellung von Antworten/Interviews von 24 bekannten Sozialwissenschaftlern auf die Frage: »In welcher Gesellschaft leben wir eigentlich?« bei A. Pongs, In welcher Gesellschaft leben wir eigentlich? Gesellschaftskonzepte im Vergleich, 2 Bde., München 1999 und 2000; ein dritter Band ist angekündigt. Von M. Albrow (Die Weltgesellschaft) bis H. Willke (Die Wissensgesellschaft) sowie A. Etzioni (Die Verantwortungsgesellschaft) bis G. Vattimo (Die transparente Gesellschaft) gibt es ebenso viele Antworten wie Antwortende auf die Frage – die uns interessierenden Schlüsselbegriffe »offen« oder »geschlossen« finden sich nicht darunter.

erfahndung hat bei ihrer Umsetzung punktuelle Einschränkungen erfahren.

2. Was sagt die amtierende Politik? Dies vorausgeschickt, möchte ich mit ein paar Stimmen aus der politischen Klasse beginnen, vor allem denen, die die politischen Schalthebel der Macht in der Hand haben. In der Regierungserklärung von Bundeskanzler Schröder vom 19. September 2001 zu den Anschlägen in New York und Washington hieß es: »Wir werden Qualität und Effizienz in der Bekämpfung des Terrorismus verbessern. Aber wir werden unter keinen Umständen den Rechtsstaat einschränken oder gar abschaffen, um den Terror zu bekämpfen. Unser Kampf gegen den Terrorismus ist eine Verteidigung unserer offenen Gesellschaft (da haben wir's – F.S.!), unserer Liberalität, unserer Art zu leben. Der Terrorismus wird es nicht so weit bringen, dass wir die Werte, die wir gegen den Terrorismus verteidigen, selbst in Frage stellen.«[20] Ein staatsmännisches Wort der Beruhigung und der Selbstvergewisserung – gewiss: aber kann man ihm trauen? Der Bundesvorsitzende der Arbeitsgemeinschaft sozialdemokratischer Juristinnen und Juristen stellt diese Erklärung immerhin einem Wochen später erschienenen Artikel voran, in dem er schon im Titel »mehr Besonnenheit« anmahnt und im Untertitel davon spricht, dass die »Balance zwischen Freiheitsrechten und Sicherheit ... zu kippen (droht)«.

Beim Surfen im Internet bin ich auf folgenden Ausspruch des in dieser Zeit auf diesem Feld hauptverantwortlichen Politikers, des Bundesinnenministers Schily, gestoßen, den er auf einer der vielen Verhandlungsrunden über die in der öffentlichen Diskussion etwas despektierlich genannten »Otto-Kataloge« getan haben soll: »Ich wüsste nicht«, so lautet dieses Zitat, »wie das, was wir hier vorhaben, gegen Freiheitsrechte verstoßen könnte«. Ist das bloße Regierungs- bzw. Machtrhetorik, gar Ausdruck des Zynismus der Macht oder das überzeugte Urteil eines in der Öffentlichkeit und unter Experten für hoch kompetent gehaltenen Juristen? Und um ein letztes Beispiel aus der Riege der Regie-

[20] Zitiert nach K. Hahnzog, Mehr Besonnenheit erforderlich. Balance zwischen Freiheitsrechten und Sicherheit droht zu kippen, in: spw – Zeitschrift für sozialistische Politik und Wirtschaft, H. 122, Nov./Dez. 2001, S. 41-43, 41.

renden zu nehmen. So soll der derzeitige, noch nicht lange amtierende niedersächsische Justizminister Christian Pfeiffer Kritikern des Anti-Terror-Pakets entgegnet haben: »Ich empfinde das überhaupt nicht als bedrohlich«, und speziell nach der Video-Überwachung und Gesichtserkennung befragt, soll er dies geantwortet haben: »Unsinn! Ich kann nur über ihre Phantasien staunen – vielleicht haben Sie zuviel ›1984‹ gelesen.«[21]

Soweit Stimmen aus dem Lager der Regierenden. Diese könnten sicherlich noch erweitert werden. Bei vielen von ihnen, bei den meisten wohl derjenigen, die staatliche Ämter innehaben und – wie man so schön sagt – »Verantwortung tragen«, hat sich mittlerweile auf dem Feld der Inneren Sicherheit eine Haltung durchgesetzt, die Ausdruck eines Klimas ist, in dem den Datenschützern seit einigen Jahren der Wind ins Gesicht bläst und das dem ehemaligen baden-württembergischen Polizeidirektor A. Stümper republikweite Resonanz verschafft hat: »Datenschutz ist Tatenschutz«[22] – damals trug eine solche Äußerung einem Politiker keineswegs nur Renommee und Reputation, sondern eher Argwohn und Kritik ein, heute kann er wohl mit kräftigem Rückenwind rechnen. Überhaupt hat man den Eindruck, dass das Thema Datenschutz geeignet ist, zum Lackmustest auf dem Felde der Inneren Sicherheit zu werden.

Natürlich stehen die drei zitierten Stimmen aus der Politik und den Staatsgeschäften nicht für sämtliche Politiker – das haben die Diskussion und Verhandlungen über die Anti-Terror-Pakete gezeigt, das zeigen parlamentarische Anfragen über Erfolg und Effizienz bestimmter Fahndungsinstrumente. Dennoch: unter den aktiv in der Politik und den Staatsgeschäften Beteiligten ist in Sachen Innerer Sicherheit die Bandbreite der Positionen, tritt man etwas weiter zurück, fast bis zur Ununterscheidbarkeit nivelliert, schaut man etwas näher zu, erkennt man auch nur dekorative Differenzen – oder eine so resignative Position, wie sie

---

[21] Diese Information entnehme ich einem nicht veröffentlichten Text von Th. Barth: Ausländische Anthrax-Bakterien ausweisen? Vom medialen Amoklauf der Sicherheitspolitiker.

[22] Vgl. hierzu S. Simitis, Daten- oder Tatenschutz – ein Streit ohne Ende?, in: Neue Juristische Wochenschrift 1997, S. 1902ff.

der grüne Bundestagsabgeordnete Ströbele, auch ein Auslaufmodell der Politik, kürzlich bei einer Podiumsdiskussion formulierte: sie könnten die Gesetze nur »weniger schlimm als ganz schlimm« machen.[23]

3. Stimmen nicht mehr amtierender Politik. Offensichtlich nur aus der Perspektive eines Politikers außer Diensten sieht die Welt dieses Politikfeldes mit einem Mal anders aus. Da stellt etwa der frühere Sicherheitsexperte der FDP und Bundestagsvizepräsident a.D. Burkhard Hirsch seine Einschätzung der Anti-Terror-Gesetze in der Süddeutschen Zeitung[24] unter die Überschrift: »Abschied vom Grundgesetz«, spricht über »Otto Schilys Weg zum Überwachungsstaat« und findet Worte für die Kontrollgesetze, die, nähme man sie wörtlich und ernst, den Weg ins nächste Fremdenkonsulat oder Auswanderungsbüro lenken sollten. Die in den 60er Jahren heiß und lange umkämpften Notstandsgesetze nähmen sich gegenüber dem Gesetzentwurf des Innenministers »wie Träumereien am Kamin« aus; der Entwurf »hat keinen Respekt vor der Rechtstradition unseres Landes, vor Würde und Privatheit seiner Bürger. Er verrät totalitären Geist.«

Ähnlich harsch äußerte sich Hirschs Parteikollege Gerhard Baum, auch er nicht irgendwer, sondern ein früherer Bundesinnenminister, indessen auch Parlamentarier a.D. Baum sprach auf einer Podiumsveranstaltung von dem »beinahe staatsstreichartigen« Durchpeitschen der Gesetze durch die parlamentarischen Gremien, davon, dass die Bundesregierung »die Angst der Bevölkerung vor Terroranschlägen (ausnütze), um rechtsstaatliche Grundsätze über Bord zu werfen«.[25]

4. Stimmen aus dem Vorhof der Politik. Bei soviel Dissens über so vitale und existenzielle Fragen wie die, um die es hier geht, sucht man nach Möglichkeiten der Orientierung und der Entscheidung darüber, was nun zutrifft und wer Recht hat – nach Kriterien, die mehr sind als bloße subjektive Meinungen. Schaut man sich nach weiteren Stimmen zu die-

[23] Diese Information wurde entnommen von G. Frech, Wenn der Schlapphut immer öfter klingelt, Bericht über eine ver.di-Tagung – http://www.verdi-net.de/themen/sicherheit-bericht.html.

[24] Vgl. Süddeutsche Zeitung Ende Okt./Anf. Nov. 2001.

[25] Vgl. gleiche Quelle wie Anm. 21.

sem Thema um, stößt man auf eine erdrückende und beklemmende Fülle von Beschwörungen und Warnungen vor dem Weg, auf dem sich diese Gesellschaft in ihrem Kampf gegen Kriminalität und Terror befindet. Es sind dies etwa die Stimmen aus dem Bereich der semi-professionellen Menschenrechts- und Bürgerrechtsgruppen, Nichtregierungsorganisationen (NGOs) der verschiedensten Art. Diese haben seit dem letzten Herbst eine Diskussions-, Resolutions-, Veranstaltungsaktivität entwickelt, die sie geradezu zu Kassandra-Institutionen haben werden lassen. So haben in einer Presseerklärung vom 6.11.2001 mehr als 30 solcher zivilgesellschaftlichen Institutionen – von der Humanistischen Union über republikanische Juristenverbände bis zu Datenschutzvereinigungen – zur Umkehr auf dem Weg »mit dem ›Terrorismus‹-Bekämpfungsgesetz in den Überwachungsstaat« aufgerufen, selbst den zwischen den Regierungsparteien ausgehandelten Kompromiss als »Katastrophe« bezeichnet, die Ausländer betreffenden Partien des Gesetzes als »rassistisch« charakterisiert.[26] Diese Akteure der Bürger- und Menschenrechte haben auch früher schon massiv – und meistens vergeblich – Front gemacht gegen die oben aufgezeigten Verschärfungstendenzen der staatlichen Sicherheitspolitik – von der Rasterfahndung über die Schleierfahndung bis hin zu den Lauschangriffen.

5. Der Datenschutz in der Defensive. Fündig auf der Suche nach solchen Stimmen wird man vor allem, wenn man in die Welt der Datenschützer und deren Öffentlichkeitsarbeit eindringt. Diese wähnen sich seit Jahren, entlang der aufgezeigten Strecke gesetzgeberischer Novellierungen im Polizei- und Strafrecht und gleichsam komplementär zur oben erwähnten durchschnittlichen Haltung unter den Politikern zu dieser Entwicklung, in der Defensive und in einem Sisyphus-gleichen Abwehrkampf. So heißt es in einer Presseerklärung der Deutschen Vereinigung für Datenschutz (DVD) vom 2.11.2001 über die Anti-Terror-Gesetze: »Geplant ist nichts weniger als die Grundsteinlegung für einen Geheimdienststaat und insbesondere für die perfektionierte

[26] Weitere solcher oppositionellen Stellungnahmen und Aktivitäten diverser einschlägiger Organisationen und Vereinigungen finden sich auf der Homepage des »Cilip« dokumentiert.

Überwachung unser nicht-deutschen Bürgerinnen und Bürger«. So versuchen Datenschützer etwa die Video-Überwachung wenigstens an bestimmte Regeln, Voraussetzungen und Rückwirkungen zu binden – doch das sind vor allem Rückzugsgefechte.

6. Und was sagt die Rechtswissenschaft? Lassen Sie mich einen letzten Blick dorthin tun, wo man vielleicht noch am ehesten vermuten sollte, auf verlässliche Kriterien für unsere Frage zu stoßen, in welche Richtung sich die Bundesrepublik auf dem Felde der Inneren Sicherheit bewegt: zur Rechtswissenschaft, speziell den Vertretern des Strafrechts. Auch hier vermag ich natürlich kein Gesamtbild zu geben. Die Stimme, die ich zu Gehör bringen möchte, steht einerseits gewiss nicht für die Gesamtheit unter ihnen, erhebt auch nicht jeder aus diesem Kreis so dezidiert und umfänglich seine Stimme zu den hier interessierenden Fragen. Vom bereits erwähnten Frankfurter Strafrechtslehrer P.-A. Albrecht stammen zwei neue Texte über die Novellierungsaktivitäten auf dem Gebiet des Rechts zur Inneren Sicherheit – einer aus dem »Strafverteidiger« vom Juli 2001[27] – der Abdruck eines Vortrags auf dem 25. Strafverteidigertag, ein zweiter Text vom Dezember 2001aus der »Neuen Justiz«,[28] also ein Text vor und ein Text nach den Terroranschlägen auf New York und Washington, womit implizit auch eine Stellungnahme zu unserer oben entwickelten Kontinuitätsthese verknüpft ist. Im ersten Text spricht Albrecht »vom Unheil der Reformbemühungen im Strafverfahren« und geißelt die wie ein Horrorkatalog klingenden Verletzungen etablierter rechtsstaatlicher Prinzipien der staatlichen sozialen Kontrolle, seinem Kommentar zu den Anti-Terror-Gesetzen gibt er den saloppen und übermütigen Titel: »Freiheit – zu Tode geschützt« – eine Metapher im Übrigen, deren Ursprung in die Zeit der Terroristen-Gesetzgebung Mitte der 70er Jahre zurückweist, als sich aus dem Raum der Gesellschaft Widerstand gegen die »Ermächtigung« der Sicherheitsorgane zur Abwehr und Bekämpfung des deutschen Terrorismus formierte.

---

[27] P.-A. Albrecht, Vom Unheil der Reformbemühungen im Strafverfahren (Anm. 9).

[28] P.-A. Albrecht, Freiheit – zu Tode geschützt, in: Neue Justiz 12/2001, S. 626.

Ich breche damit meinen zugegeben selektiven, jedoch wohl nicht untypischen Blick in die Meinungslandschaft staatlicher, politischer, gesellschaftlicher und wissenschaftlicher Akteure zu den Tendenzen staatlicher Sicherheitspolitik ab. Hilft mir dieser Ausflug zu den Sicherheitsdiskursen der verschiedenen Repräsentanten aus Staat, Politik, Gesellschaft und Wissenschaft bei der Antwort auf meine Frage nach dem Bestand oder dem Verfall der »offenen Gesellschaft«? Sind die aufgezeigte Diskrepanz und der kaum zu überbrückende Dissens zwischen den verantwortlichen Akteuren in Staat und Politik und ihren außenstehenden Kritikern mehr als Ausdruck und Reflex ihrer jeweiligen Rollen und Funktionen? Der rechtspolitische Korrespondent der taz, Christian Rath, hat in einem klugen Kommentar zur gegenwärtigen Debatte um die sicherheitspolitische Aufrüstung die komplementäre Beschwörung von entgegengesetzten Horrorszenarien durch die Sicherheitspolitiker sowie durch deren Kritiker moniert und beide Seiten auf den Gewöhnungseffekt »schriller Töne« aufmerksam gemacht, insgesamt »etwas mehr Gelassenheit« angemahnt.[29] Freilich ist auch er um die Antwort verlegen, wann genau der »Boden« verlassen wird, den eine »offene« bzw. »rechtsstaatliche« Gesellschaft zu ihrer Existenz benötigt.

3. Einige abschließende und weiterführende Bemerkungen[30]

Ich selbst drücke mich vor einem eindeutigen und ungebrochenen Urteil über den im Titel angesprochenen Zusammenhang von Innerer Sicherheit und offener Gesellschaft. Ich möchte statt dessen einer Vermutung Ausdruck geben, die dazu nötigt, die Frage anders aufzuzäumen, als ich es hier versucht habe. Vielleicht habe ich der Aktualität der Ereignisse und Diskussion zu viel Tribut gezollt. Vielleicht auch suchen wir die Gefährdungen unserer Gesellschaft zu sehr auf einem Terrain, auf dem sie sich nicht vollziehen. Liefert die Grammatik des Rechts-

---

[29] die tageszeitung vom 1.2.2002.

[30] Diese abschließenden Bemerkungen nehmen einige Anregungen aus der sich an den Vortrag anschließenden Diskussion auf.

staats uns die angemessenen Töne und Vokabeln für die Behandlung unseres Themas? Dies sind fast schon ketzerische Fragen und Zweifel, die an säkulare Häresie grenzen. Der Leser möge sich die Zumutung antun.

Dazu möchte ich zunächst auf zwei Beobachtungen verweisen, die einen inneren Zusammenhang haben, aber eine selbstständige empirische Existenz aufweisen. Zum einen möchte ich auf den Wandel in der Einstellung der Gesellschaft zu dem skizzierten Ausbau und Umbau des sicherheitspolitischen Instrumentariums aufmerksam machen. Anders als in den 70er und 80er Jahren, als Minister und hohe Staatsbeamte, wie der frühere Bundesinnenminister Werner Maihofer und der oben erwähnte Chef des Bundeskriminalamtes, Horst Herold, über ungesetzliche Lauschangriffe oder öffentliche Interviews auf Grund öffentlichen Drucks ihre Ämter verloren, lösen die Verstärkungen und Verschärfungen auf dem Feld der Inneren Sicherheit und der Kriminalpolitik in der weiteren gesellschaftlichen Öffentlichkeit keinen nennenswerten Widerstand aus.[31] Nicht Lauschangriff, nicht Video-Überwachung, nicht die aktuellen Sicherheitsverschärfungen mobilisieren Bürger oder Bürgerinnen zu Protesten und Demonstrationen, wie dies zuletzt Ende der 80er Jahre aus Anlass der Volkszählung der Fall war; die Stimmen der Warner und Beschwörer sind mehr und mehr solche aus dem gesellschaftlichen Abseits. Sie haben keine oder wenig und, wie mir scheint, abnehmende gesellschaftliche Resonanz.

Statt dessen hat sich – und das ist die zweite Beobachtung – in den letzten Jahren ein soziales Klima aufgebaut, das die Innere Sicherheit immer mehr auf die vorderen Plätze der öffentlichen und politischen Agenda gesetzt hat. Mehr noch: Strafe ist wieder »in«: der Frankfurter Strafrechtswissenschaftler und derzeitige Richter am Bundesverfassungsgericht W. Hassemer hat kürzlich von einer neuerlichen »selbstverständlichen Strafbereitschaft, ja: Straffreude« in der Gesellschaft

[31] Aus unmittelbarer und persönlicher Nähe erlebe ich dies als derzeitiges Vorstandsmitglied der Humanistischen Union, die sich zu Recht rühmt, die älteste deutsche Bürgerrechtsvereinigung zu sein – etwa in Form eines laufenden Mitgliederschwunds und des steigenden Durchschnittsalters ihrer Mitglieder.

gesprochen.[32] Zunehmende staatliche Repression und wachsende »Lust auf Strafe« sind offensichtlich zwei parallele Prozesse und Entwicklungen, die sich nicht nur in Deutschland beobachten lassen, sondern in allen post-modernen Gesellschaften. Die angelsächsische Diskussion hat sich dieses Themas längst angenommen, in der Bundesrepublik harrt es noch der gezielten öffentlichen und wissenschaftlichen Auseinandersetzung.[33] Politiker und Parteien fügen und unterwerfen sich diesem Prozess, instrumentalisieren ihn, wenn sie ihn nicht sogar schüren.[34]

Zur Analyse und Entschlüsselung dieser Vorgänge auf dem Gebiet der staatlichen Sicherheitspolitik sowie der gesellschaftlichen Einstellungen zu Kriminalität und Strafe reicht es nicht hin, auf die tatsächliche und »objektive« Bedrohungslage etwa in Form der Entwicklung der Kriminalität zu verweisen. Es gilt die Feststellung, die für die USA der bereits oben erwähnte Scheingold getroffen hat, auch für die Situation in anderen modernen Gesellschaften: »... our obsession with crime has a life of its own«.[35] Diesen weiteren Zusammenhängen genauer nachzuspüren, fehlen hier der Ort und die Zeit. Zum Teil kommen sie in den anderen Beiträgen in diesem Buch näher zur Sprache.

Lassen Sie mich wenigstens Richtung und Weg näher bezeichnen, die man einzuschlagen hätte, um diesen weiteren Zusammenhängen auf die Spur zu kommen. Neben der parallelen Entwicklung zunehmender staatlicher Repression und gesellschaftlicher Strafbereitschaft lässt sich eine andere Koinzidenz zweier separater Entwicklungsprozesse beobachten. Nach dem Prinzip kommunizierender Röhren verhalten sich in nahezu abgestimmtem Gleichschritt zwei staatliche Politikfelder, die auf den ersten Blick nichts miteinander zu tun haben, bei

---

[32] W. Hassemer, Muss Strafe sein?, Ms., Vortrag auf der Großen Juristenwoche NRW, Recklinghausen 13.11.2000, auszugsweise dokumentiert in der Frankfurter Rundschau vom 20.12.2000, S. 16: Die neue Lust auf Strafe.

[33] Vgl. hierzu M. Dinges und F. Sack, Unsichere Großstädte?, Vorwort, in: dies., Hrsg., Unsichere Großstädte. Vom Mittelalter bis zur Postmoderne, Konstanz 2000, S. 9-65.

[34] Soweit geht in der Tat für die amerikanische Situation K. Beckett in ihrer ausgezeichneten Studie »Making Crime Pay. Law and Order in Contemporary American Politics«, New York 1997; die Besorgnis der Gesellschaft über die Innere Sicherheit erweist sich als stimuliert und »produziert« durch die politische Diskussion darüber.

[35] Vgl. St. A. Scheingold, a.a.O. (Anm. 3), S. XI.

näherem Zuschauen als eng miteinander verknüpft: die Renaissance der repressiven und »atavistisch-strafenden« Seiten des Strafrechts nimmt im gleichen Masse zu wie das Politikfeld sozial- und wohlfahrtsstaatlicher Leistungen und Institutionen an Bedeutung, staatlicher und fiskalischer Förderung einbüßt. Diesen Zusammenhang hat der an der Universität von Berkeley lehrende französische Soziologe L. Wacquant auf die Formel gebracht: »Vom wohltätigen Staat zum strafenden Staat«.[36] Wacquants Studie nimmt ihren empirischen und geografischen Ausgangspunkt bei der Entwicklung in den USA, die ihre Gefängnispopulation innerhalb der letzten zwei bis drei Jahrzehnte um ein Mehrfaches in die Höhe getrieben haben.[37] Er hat die Zusammenhänge in einer späteren Monographie weiter ausgearbeitet und ihre Übertragung auf europäische Gesellschaften, vornehmlich England und sein Herkunftsland Frankreich, demonstriert.[38] Ich selbst habe an anderer Stelle diese Überlegungen für die deutsche Diskussion verfügbar zu machen versucht.[39]

J. Simon, ein amerikanischer Strafrechtler und Kriminologe, der sich in den letzten Jahren in einer Reihe von Publikationen mit den hier nur angedeuteten Beziehungen zwischen gesellschaftlichen Strukturveränderungen und staatlicher Sicherheits- und Kriminalpolitik beschäftigt hat, verallgemeinert den Stilwandel auf dem Gebiet der Kriminalitätskontrolle zu einem generellen Strukturprinzip staatlicher Steuerung in (post)modernen Gesellschaften. Er bringt diese These auf den plakativen Nenner: »Governing Through Crime«,[40] eine Formel, die für ihn die Quintessenz des Strukturtyps von Kriminal- und Sicherheitspolitik beschreibt, die er der neo-liberalen Gesellschaft zuschreibt.

---

[36] L.J.D. Wacquant, Vom wohltätigen Staat zum strafenden Staat: Über den politischen Umgang mit dem Elend in Amerika, in: Leviathan, Jg. 1997, S. 50-66.

[37] M. Dinges und F. Sack sind darauf in ihrem zuvor erwähnten Beitrag (Anm. 33) näher eingegangen.

[38] L.J.D. Wacquant, Elend hinter Gittern, Konstanz 2000.

[39] Vgl. F. Sack, Prävention als staatliches Sicherheitsversprechen. Wandlungen des Gewaltmonopols in Deutschland, Ms. 45 S., erscheint demnächst in: Komitee für Grundrechte und Freiheit, Hrsg., Verpolizeilichung der Bundesrepublik Deutschland, Köln 2002.

[40] Vgl. J. Simon, Governing Through Crime, in: G. Fisher und L. Friedman, Hrsg., The Crime Conundrum: Essays on Criminal Justice, New York 1997, S. 171-190.

Damit ist der enge kriminologische und kriminalpolitische Rahmen, der die deutsche Diskussion mehr oder weniger ausschließlich bestimmt, sichtbar verlassen. Damit sind wir auch den Ursprüngen und der Triebfeder, kurz: der »Erzeugungsgrammatik« der beiden parallelen Prozesse – der Gleichsinnigkeit repressiver staatlicher Politik und gesellschaftlicher Straflust einerseits und der Gleichzeitigkeit des Abbaus von Sozialstaatlichkeit und des Ausbaus von »Strafstaatlichkeit« – ein erhebliches Stück näher gerückt. Das hier mehr postulierte als genau nachgezeichnete Endprodukt dieser Entwicklung lässt sich vielleicht gut im Titel eines Buches festhalten, das keineswegs einen kriminologischen Anspruch verfolgt, sondern eine Analyse der Wirtschafts- und Gesellschaftspolitik der früheren englischen Premierministerin Margaret Thatcher darstellt: The Free Economy and the Strong State.[41]

Das sind zunächst nur parallele und korrelative Pfade separater empirischer Entwicklungen, deren kausale Verknüpfung sicherlich noch der methodologischen Ausarbeitung und der theoretischen Bearbeitung bedarf. Gewiss verlängern sich ökonomische Strukturen und Parameter nicht mechanistisch und deterministisch in individuelles Verhalten, sondern sind einem auch offenen Prozess der subjektiven Interpretation und Verarbeitung ausgesetzt. Diese geschieht jedoch keineswegs beliebig und voluntaristisch. Vielmehr unterliegt sie kollektiven kulturellen Strömungen und Deutungsmustern, die wiederum rückgekoppelt sind an makrogesellschaftliche Strukturveränderungen. Ihnen nachzugehen und sie wissenschaftlich zu rekonstruieren, ist eine Programmatik, die sich nicht nur im disziplinären Horizont der Kriminologie bewältigen lässt, sondern auch einem Prinzip wieder zu Leben und Ehre verhülfe, das der französische Anthropologe J.A. Lacassagne vor mehr als 100 Jahren in gerade heute wieder erinnerungswerter Weise formuliert hat: »Les sociétés ont les criminels qu'elles méritent«.[42]

---

[41] Vgl. A. Gamble, The Free Economy and the Strong State: The Politics of Thatcherism, 2. Aufl. Basingstoke 1994 (zuerst 1988).

[42] Zit. n. R. A. Nye, Crime, Madness and Politics in Modern France, Princeton, N.J., 1984, S. 104.

Norman Paech

Terror und Krieg
Zur Zivilisierung der neuen Weltordnung

Die Aufdringlichkeit des deutschen Bundeskanzlers, der US-amerikanischen Streitmacht ein Kontingent der Bundeswehr in Afghanistan aufzunötigen, ist aus militärischen Gründen nicht nachzuvollziehen. Eine derartige militärische Hilfe ist gut fünf Wochen nach Beginn der Bombardierungen trotz der Monstrosität und Beispiellosigkeit des Terroranschlages schlicht überflüssig, da nicht mehr notwendig. Es sind wohl eher innenpolitische wie auch geostrategische Gründe für diesen allmählich peinlichen Druck auf die US-Administration, endlich deutsche Truppen anzufordern. Diesen Gründen will ich nicht nachgehen, sondern mich vielmehr der Legitimation einer nicht minder gewalttätigen Reaktion zuwenden, der Frage also, inwiefern der militärische Angriff auf ein Land die adäquate Reaktion auf den individuellen Terror einer noch nicht identifizierbaren Tätergruppe sein kann.

1. Zur Rechtfertigung des Krieges

Beschwörungen von der »uneingeschränkten Solidarität« und dem »Beistand gegenüber dem Freund« dienen mehr der emotionalen Unterfütterung einer Begründung, die vornehmlich auf das zivilisatorische Gefälle zwischen Angreifern und Angegriffenen, den zu schützenden Standard der Freiheit und die Überlegenheit des demokratischen Gesellschaftsmodells verweist. Die Symbolik der angegriffenen Objekte (World Trade Center, Pentagon und wahrscheinlich Weißes Haus) ist zu stark, als dass nicht die Botschaft des Anschlags auch ohne Bekennerschreiben begriffen wird. Der Angriff war nicht nur ein gewöhnliches Selbstmordkommando mit katastrophalen Folgen und der Verbreitung von Angst und Terror, sondern wird zutreffend als Angriff auf den Herrschaftsanspruch der »einzigen Weltmacht« (Z. Brzezinski) verstanden. Daher die Drohung mit permanentem Krieg und die Kreuzzugs-Anspielungen.

Doch auf dieser Ebene der Reaktion bedarf es anderer Rechtfertigungen als Vergeltung, Rache oder »Auge um Auge, Zahn um Zahn«. Als George W. Bush sen. im Herbst 1990 die Neue Weltordnung ausrief, sollte eines ihrer wichtigsten Elemente die rule of law, die »Rechtsstaatlichkeit« der internationalen Beziehungen sein. Und die damalige Außenministerin Madeleine Albright unterließ in keiner Grundsatzrede den mehrfachen Hinweis auf die rule of law. Wer die Welt ordnen will, darf das Recht nicht vernachlässigen. Spätestens seit dem ersten Versuch, den Frieden in der Welt mittels eines Kollektiven Sicherheitssystems auf der Basis des Rechts (Völkerbund) statt auf dem fragilen Machtgleichgewicht der großen Mächte aufzubauen, ist das Völkerrecht zur zentralen Legitimation für Krieg und Frieden geworden. Seitdem bedarf jeder Gang zu den Waffen eines genauen Nachweises seiner völkerrechtlichen Berechtigung.

Und so stützt auch die Bundesregierung ihren Antrag auf Einsatz bewaffneter Streitkräfte auf das Völkerrecht, und zwar sowohl auf das Selbstverteidigungsrecht gemäß Art. 51 UN-Charta als auch auf eine Ermächtigung durch den Sicherheitsrat, die sie in den zwei Resolutionen vom 12. und 28. September 2001 zu erkennen glaubt. Ferner bezieht sie sich auf die Beistandsverpflichtung des Art. 5 NATO-Vertrag als Bündnispartner der USA (Antrag der Bundesregierung vom 7. November 2001, Punkte 1, 2 und 3, BT-Drucksache 14/7296).

Wenden wir uns diesen beiden Quellen zu, so ist zunächst darauf hinzuweisen, dass das zwingende Verbot der Androhung oder Anwendung militärischer Gewalt gem. Art. 2 Z. 4 UN-Charta nur zwei Ausnahmen kennt: erstens die Ermächtigung zu militärischen Zwangsmaßnahmen gem. Art. 39/42 UN-Charta durch den UN-Sicherheitsrat und zweitens das individuelle und kollektive Selbstverteidigungsrecht gem. Art. 51 UN-Charta.

2. Die Position des UN-Sicherheitsrats

Es deutet alles darauf hin, dass die USA sich zunächst um eine Ermächtigung für ein militärisches Vorgehen gegen bin Laden und die Taliban durch den UN-Sicherheitsrat bemüht haben. Bereits einen Tag nach dem Terroranschlag verabschiedete der Sicherheitsrat seine Resolution 1368 (2001), in der er die »entsetzlichen Anschläge in strengster Weise« verurteilte und den Anschlag »wie jeden anderen Akt internationalen Terrorismus, als eine Gefährdung des Weltfriedens und der internationalen Sicherheit« betrachtete. Dieses ist die gebräuchliche Formel nach Art. 39 UN-Charta, mit der der Sicherheitsrat die weiteren Schritte für politische, ökonomische und militärische Sanktionen nach Art. 41 und 42 UN-Charta eröffnet.

Derartige Maßnahmen hat der Sicherheitsrat allerdings nicht ergriffen. Er beruft sich nicht auf das Kapitel VII der UN-Charta, sondern ruft lediglich »alle Staaten dringend zur Zusammenarbeit auf, um die Täter, die Organisationen und Unterstützer dieser terroristischen Anschläge vor Gericht zu bringen«, und betont, »dass jene, die den Tätern geholfen, sie unterstützt oder ihnen Unterschlupf gewährt haben, zur Verantwortung gezogen werden.« Ferner ruft er die Staaten dazu auf, durch »engere Zusammenarbeit und vollständige Umsetzung der Anti-Terror Konvention und der Resolutionen des Sicherheitsrats, vor allem der Resolution 1269 vom 19. Oktober 1999, Terroranschläge zu verhindern und zu unterdrücken.«

Schließlich erklärt der Sicherheitsrat seine Bereitschaft, »alle notwendigen Schritte zu unternehmen, um auf die Terroranschläge zu reagieren und alle Formen des Terrorismus in Übereinstimmung mit der Verantwortung gemäß der UN-Charta zu bekämpfen«.

Der Wortlaut dieser Resolution zeigt, dass die USA ihr Ziel, eine Ermächtigung für militärische Reaktionen auf den Terroranschlag zu erhalten, nicht erreichen konnten. Vielmehr deutet der Sicherheitsrat an, dass er die Gerichte für die geeigneten Mittel ansieht, die Täter, ihre Organisationen und Unterstützer zur Verantwortung zu ziehen. Dies wird durch die Erwähnung der Anti-Terror-Konvention bestätigt. Es handelt sich um die »International Convention for the Suppression of the Financing of Terrorism«, die von der UN-Generalversammlung am 9. Dezember 1999 mit der Resolution 54/169 verabschiedet wurde. Mit der Annahme dieser Konvention sollen sich die Staaten verpflichten, bestimmte genau definierte Taten der Finanzierung und finanziellen Unterstützung terroristischer Aktivitäten unter bestimmten Voraussetzungen unter Strafe zu stellen und für deren Verfolgung eine strafrechtliche Zuständigkeit zu begründen. Die ebenfalls angeführte Resolution 1269 vom 19. Oktober 1999 fordert die Staaten zu einer allgemein stärkeren Zusammenarbeit und zum Beitritt zu den zahlreichen Konventionen auf, unterstreicht die wichtige Rolle der Vereinten Nationen bei dem Anti-Terrorkampf und mahnt besseren Informationsaustausch, Unterbindung der Finanzierung von Terroraktivitäten, Sorgfalt bei der Zuerkennung des Flüchtlingsstatus und Zusammenarbeit auf der Verwaltungs- und Justizebene an. Militärische Maßnahmen werden in keinem Zusammenhang erwähnt.

Die Resolution 1368 geht allerdings über die bis dahin bekannten Anti-Terror-Resolutionen hinaus. Sie bezeichnet nicht erst die Weigerung einer Regierung, die mutmaßlichen Täter auszuliefern, als eine Bedrohung des Weltfriedens und der internationalen Sicherheit – so wie die Resolution gegen Libyen im Lockerbie-Fall und die Resolution 1267 von 1999 gegen die Taliban –, sondern qualifiziert bereits den Terroranschlag selbst als eine solche Bedrohung nach Art. 39 UN-Charta. Dennoch ändert diese neue Qualität nichts an dem Ergebnis, dass diese Resolution keine Ermächtigung für eine militärische Reaktion enthält. Die Auffassung der Bundesregierung in Punkt 3 ihres Antrags, dass »nach der Resolution 1368 (2001) alle erforderlichen Schritte zu unternehmen« seien, also auch militärische, ist falsch. Der Sicherheitsrat hat »seine Bereitschaft« erklärt, »alle notwendigen Schritte zu unternehmen, um auf die Terroranschläge zu reagieren...« Er hat sich damit die Auswahl der erforderlichen Schritte vorbehalten und beansprucht hier seine alleinige Kompetenz für Maßnahmen nach Art. 41 und 42 UN-Charta. Er hat den Staaten keine Blankovollmacht gegeben.

Das gilt auch für die zweite, am 28. September verabschiedete Resolution 1373 (2001), die genauso wenig eine Ermächtigung enthält. Sie bestätigt noch einmal die vorangegangene Resolution und bezieht sich in ihren weiteren Forderungen an die Staaten allerdings jetzt ausdrücklich auf das VII. Kapitel der UN-Charta, welches ihr verbindliche Sanktionen und Maßnahmen nach Art. 42 UN-Charta ermöglicht. Als solche fordert sie in einem ersten Punkt von den Staaten, alles zu unterlassen, zu verhindern und zu bestrafen, was mit der Finanzierung terroristischer Handlungen zusammenhängt. In einem zweiten Punkt fordert sie das gleiche bezüglich jeglicher anderen Unterstützung von terroristischen Aktivitäten. Insbesondere fordert sie die strafrechtliche Verfolgung, gerichtliche Untersuchung und Aburteilung von Terroristen, die Zusammenarbeit bei der Beschaffung von Beweisen, effektiven Grenzkontrollen und strenger Überwachung der Ausgabe und Fälschung von Pass- und Reisedokumenten. Sie fordert die Staaten ferner auf, ihre Zusammenarbeit bei der wechselseitigen Information über alle Fragen, die den Terrorismus betreffen, zu verstärken und durch bi- und multilaterale Abmachungen sowie durch Unterzeichnung der wichtigen Anti-Terrorismus-Konventionen und Umsetzung der Resolutionen des UN-Sicherheitsrats zu ergänzen. Insbesondere sollen die Staaten darauf achten, dass der Flüchtlingsstatus nicht von Terroristen missbraucht werde, allerdings seien dabei die anerkannten Standards der Menschenrechte und des Völkerrechts zu berücksichtigen.

Schließlich richtet der Sicherheitsrat mit der Resolution ein spezielles Komitee ein, welches aus allen Mitgliedern des Sicherheitsrats besteht, um die Umsetzung der Resolution zu kontrollieren, und fordert alle Staaten auf, binnen 90 Tagen dem Komitee über ihre Maßnahmen zu berichten. Der Sicherheitsrat schließt die Resolution mit der Versicherung, alle notwendigen Schritte zu unternehmen, die Umsetzung der Maßnahmen zu garantieren, und der Absicht, »weiter mit der Sache befasst« zu sein.

Auch aus dem Wortlaut dieser Resolution geht zweifelsfrei hervor, dass der Sicherheitsrat die Bekämpfung des Terrorismus mit anderen Mitteln als militärischen unternehmen will und dass er keine Ermächtigung zu einer militärischen Reaktion irgendeines einzelnen Staates gegeben hat. Dieses wird besonders deutlich, wenn man den Wortlaut mit dem der bekannten Resolution 678 (1990) des Sicherheitsrats vom November 1990 vergleicht, mit der er die Ermächtigung zu militärischen Zwangsmaßnahmen nach Art. 42 UN-Charta gegeben hat. In ihr heißt es:

»Der Sicherheitsrat..., tätig werdend nach Kapitel VII der UN-Charta, ... ermächtigt die Mitgliedstaaten ... für den Fall, dass der Irak die oben genannten Resolutionen bis zum 15. Januar 1991 nicht entsprechend Ziffer 1 vollständig durchführt, alle erforderlichen Mittel einzusetzen, um der Resolution 660 (1990) und allen dazu später verabschiedeten Resolutionen Geltung zu verschaffen und sie durchzuführen und den Weltfrieden und die internationale Sicherheit in dem Gebiet wiederherzustellen.«

Eine derart schwerwiegende Entscheidung wie die Ermächtigung zu einem militärischen Angriff bedarf einer deutlichen und unmissverständlichen Erklärung. Beide Resolutionen sind hingegen unmissverständlich nicht als Ermächtigung zu werten.

Die Bundesregierung stützt ihre Meinung auch auf die Presseerklärung des Präsidenten des UN-Sicherheitsrats, Richard Ryan (Irland), mit der er zu der Unterrichtung durch die USA und Großbritannien über den Beginn ihrer Bombardierungen am 4. Oktober Stellung nahm (Press Release AFG/152 SC/7167). Diese Erklärung ist auch in der Öffentlichkeit immer wieder als ein Zeichen der Zustimmung und der nachträglichen Ermächtigung gewertet worden. Der Wortlaut der Erklärung gibt eine solche Interpretation allerdings nicht her. Alle Bemühungen, ein Protokoll über die Sitzung oder einige Stimmen von Mitgliedern über den Verlauf der Sitzung zu erhalten, um die Ansichten und Positionen genauer bestimmen zu können, sind bisher fehlgeschlagen. Die Öffentlichkeit ist allein auf den Inhalt der Presseerklärung verwiesen.

Sie gibt zunächst Auskunft darüber, dass die Sitzung auf Bitten der USA und Großbritanniens im Beisein des UN-Generalsekretärs zustande gekommen ist, um den Sicherheitsrat über die ergriffenen Maßnahmen zu unterrichten. Sodann berichtet sie darüber, dass sich der Sicherheitsrat noch einmal zu seinen beiden Resolutionen und deren Umsetzung bekannt hat. Er nahm Kenntnis von den Briefen, die die USA und Großbritannien an den Sicherheitsrat gesandt hatten und in denen sie sich auf ihr individuelles und kollektives Selbstverteidigungsrecht gegen die Terroranschläge beriefen. Dies wiederholten sie noch einmal in der Sitzung und unterstrichen, dass sie alles unternähmen, um Zivilisten bei ihren Angriffen zu schützen. Wörtlich heißt es dann: »The members of the Council were appreciative of the presentation made by the United States and the United Kingdom.«

»Appreciative« bedeutet keine Anerkennung des Krieges, sondern die anerkennende, aber unverbindliche Zurkenntnisnahme der Darstellung, zu der jeder Staat, der sich auf Art. 51 stützt, verpflichtet ist. Das wird besonders deutlich in der französischen Fassung der Presseerklärung: »Les membres du Conseil se sont félicités de l'exposé fait par les Etats-Unis et le Royaume Uni.« Die im diplomatischen Verkehr übliche Floskel des »sich beglückwünschen« bezieht sich nur auf die Abgabe des Berichts (exposé), nicht aber den Inhalt der Botschaft. Beruft sich ein Staat auf Art. 51, so ist es nach der UN-Charta nicht Sache des Sicherheitsrats, dazu Stellung zu nehmen und über die Berechtigung der Selbstverteidigung zu urteilen. Denn das Selbstverteidigungsrecht hängt nicht von einem Entscheid des Sicherheitsrats ab. Der Sicherheitsrat hat sich offensichtlich weder für eine ausdrückliche Zustimmung zum Kriegsgeschehen, was einem Verzicht auf weitere eigene Aktivitäten gleichkäme, noch für eine Verurteilung der Bombardierungen entschieden, was ihm politisch kaum möglich war. Er hat sich mangels anderer Alternativen dem Gang der Dinge gebeugt und eine möglichst unverfängliche, alle Interpretationen offenlassende Erklärung gewählt.

So vage und missverständlich sich seine Erklärung bezüglich der Berechtigung zur Selbstverteidigung auch lesen mag, wer aus ihr eine faktische Genehmigung der begonnenen Angriffe folgern will, kann aus ihr auf keinen Fall eine Ermächtigung für die weitere und zukünftige Kriegsführung herauszulesen. Dazu bedarf es auch formal mehr als nur einer Presseerklärung, ohne dass ein Beschluss vorliegt. Und Schweigen ist keine Zustimmung.

3. Das Selbstverteidigungsrecht

Da den USA alsbald klar wurde, dass sie eine Ermächtigung durch den Sicherheitsrat nicht erhalten würden, haben sie die zweite Ausnahme vom zwingenden Gewaltverbot in Anspruch genommen, das Recht zur individuellen Verteidigung gem. Art. 51 UN-Charta – einen der meistmissbrauchten Artikel der Charta.

Dieses ahnend, hatten die Vereinten Nationen 1945 genaue Voraussetzungen für das Selbstverteidigungsrecht normiert, um seinem Missbrauch vorzubeugen. Es muss sich um einen *bewaffneten Angriff eines Staates* handeln, der *gegenwärtig* ist, und die *Verteidigungsmaßnahmen dürfen nur so lange dauern, bis der Sicherheitsrat selbst die erforderlichen Maßnahmen eingeleitet hat.*

Die Schöpfer der UN-Charta haben die Zerstörung von Wohn- und Bürogebäuden mittels Passagiermaschinen zweifellos nicht als »bewaffneten Angriff« vorausgesehen. Wenn man aber weniger auf das Instrument als auf die Zerstörungswirkung abstellt und einen solchen Angriff bejaht, bleibt immer noch zweifelhaft, ob es sich um den *Angriff eines Staates* gehandelt hat. Ein Terroranschlag einzelner Personen, selbst wenn sie ein »Netzwerk« bilden, ist ein Verbrechen, welches vor einem Gericht geahndet werden müsste, wie es jedes nationale Strafrecht sowie das »Haager Übereinkommen zur Bekämpfung der widerrechtlichen Inbesitznahme von Luftfahrzeugen« vom 16. Dezember 1970 und das »Montrealer Übereinkommen zur Bekämpfung widerrechtlicher Handlungen gegen die Sicherheit der Zivilluftfahrt« vom 23. September 1971 vorsehen.

Als *Angriff eines Staates* könnten die Anschläge nur dann gewertet werden, wenn erstens klar wäre, dass bin Laden den Auftrag erteilt hätte und zweitens er wiederum im Auftrag oder zumindest Einverständnis der Taliban gehandelt hätte. Außenminister Powell musste jedoch in einem Interview in der »New York Times« einräumen, dass es nicht einmal Indizien für die entscheidende Rolle bin Ladens gäbe. Das von ihm angekündigte »White Paper« zu den Hintergründen und Beweisen des Terror-Netzwerkes ist bisher nicht erschienen. Auch hat der Sonderbeauftragte Taylor nach Aussagen westlicher Diplomaten auf der Sitzung des NATO-Rates keinerlei Beweise dafür vorgelegt, dass bin Laden die Anschläge geplant oder angeordnet habe. Das von dem britischen Premier Blair veröffentlichte Material erhebt nach seinen eigenen Worten »nicht den Anspruch, eine ausreichende Grundlage für ein Gerichtsverfahren gegen Usama bin Laden darzustellen«.[1]

Die Schwierigkeiten der Entlarvung, Identifizierung und Überführung derartiger Terrortäter haben allerdings in kürzester Zeit alte rechtsstaatliche Standards, die bisher bei der Verbrechensbekämpfung galten, geradezu auf türkisches Niveau abgesenkt. In den USA wird über Folter als Ermittlungsmethode diskutiert und Militärgerichte ohne ein »fair trial« eingerichtet. In Deutschland sollen Methoden der Raster-

[1] Frankfurter Rundschau vom 9. Oktober 2001. Ob die später veröffentlichten Videos eine genügende Gerichtsverwertbarkeit aufweisen, um die allgemeine These der Täterschaft bin Ladens zu erweisen, ist zweifelhaft.

fahndung mittels biometrischer Daten eingeführt werden, die zwar technologisch auf der Höhe des 21. Jahrhunderts stehen mögen, in ihrer Vorstellungswelt jedoch eher dem 18. Jahrhundert verhaftet bleiben, die Jonathan Swift in Gulliver's Reise nach Laputa anschaulich illustriert: »Ein anderer Professor hielt ein großes Papier voll Anleitungen, Komplotte und Verschwörungen gegen die Regierung zu entdecken in der Hand. Er riet allen großen Staatsmännern die Diät verdächtiger Personen zu erforschen; sich nach ihrer Essenszeit und nach der Seite zu erkundigen, auf welcher sie sich des Nachts in's Bett legten; mit welcher Hand sie sich den Hintern wischten; ihre Exkremente hinsichtlich des Geschmacks, der Farbe, des Geruchs, der Konsistenz, zu früher oder später Verdauung zu untersuchen, um sich so ein Urteil über ihre Gedanken und Absichten zu bilden; nie seien Menschen so ernsthaft, gedankenvoll und nur mit sich beschäftigt, als wenn sie zu Stuhle gingen; er wisse dies aus eigener Erfahrung; unter diesen Konjunkturen habe er selbst des Versuchs halber an Königsmord gedacht, und bemerkt, seine Exkremente hätten eine grünlichere Farbe, als wenn er nur über Aufstände und Verbrennung der Hauptstadt nachgesonnen habe.«

Welche biometrischen Daten auch immer zur Identifizierung führen mögen, im Falle Usama bin Ladens fehlt zusätzlich bisher jeder Anhalt dafür, dass die Taliban ihn entsandt bzw. von dem Anschlag etwas gewusst hätten. Das einzige, was wohl unzweifelhaft ist, ist seine terroristische Vergangenheit und sein Unterschlupf in Afghanistan. Doch inwieweit können überhaupt Aktivitäten bin Ladens den Taliban in Afghanistan angelastet werden? Auch mit diesen Fragen der Zurechnung hat sich die UNO bereits frühzeitig auseinandersetzen müssen. In der berühmten Resolution 3314 (XXIX) vom 14. Dezember 1974, mit der sie den Begriff der Aggression definierte, werden verschiedene Tatbestände als Angriffshandlungen ausgewiesen. Unter ihnen:

»a) Die Invasion oder der Angriff durch die Streitkräfte eines Staates auf das Gebiet eines anderen Staates...;

b) Die Beschießung oder die Bombardierung des Hoheitsgebiets eines anderen Staates durch die Streitkräfte eines anderen Staates...

f) Die Handlung eines Staates, die in seiner Duldung besteht, dass sein Hoheitsgebiet, das er einem anderen Staat zur Verfügung gestellt hat, von diesem anderen Staat dazu benutzt wird, eine Angriffshandlung gegen einen dritten Staat zu begehen;

g) Das Entsenden bewaffneter Banden, Gruppen, Freischärler oder Söldner durch einen Staat oder für ihn, wenn sie mit Waffengewalt Handlungen gegen einen anderen Staat von so schwerer Art ausführen, dass sie den oben angeführten Handlungen gleichkommen, oder die wesentliche Beteiligung an einer solchen.«

Diese Definitionen zeigen deutlich, dass ein »Angriff« nur in einem aktiven »Entsenden«, nicht aber in der Duldung und Aufnahme der Banden auf dem eigenen Territorium besteht. Allerdings hat nach der ebenfalls berühmten »Prinzipiendeklaration« der Resolution 2625 (XXV) vom 24. Oktober 1970 (Erklärung über die Grundsätze des Völkerrechts betreffend die freundschaftlichen Beziehungen und die Zusammenarbeit zwischen den Staaten in Übereinstimmung mit der Charta der Vereinten Nationen) »jeder Staat die Pflicht, die Organisierung, Anstiftung oder Unterstützung von Bürgerkriegs- oder Terrorakten in einem anderen Staat oder die Teilnahme daran oder die Duldung organisierter Aktivitäten, die auf die Begehung solcher Akte gerichtet sind, in seinem Hoheitsgebiet zu unterlassen, wenn die in diesem Absatz erwähnten Akte die Androhung oder Anwendung von Gewalt einschließen«. Ein Verstoß gegen diese Verpflichtung ist zwar ein Völkerrechtsvergehen, aber noch nicht selbst ein Angriff, gegen den militärische Mittel gerechtfertigt wären.

So hat der Internationale Gerichtshof in Den Haag in seinem Urteil von 1986, in dem er die USA wegen verschiedener Völkerrechtsverstöße durch Aggressionsakte gegen Nikaragua verurteilt hat, ausdrücklich festgestellt, dass zwar die Ausrüstung und Entsendung der Contras, nicht aber allein ihre Unterstützung mit Waffen oder logistischen Hilfen den angegriffenen Staat zu militärischen Verteidigungsmaßnahmen nach Art. 51 UN-Charta gegen den unterstützenden Staat berechtigen (ICJ Reports of Judgement, Advisory Opinions and Orders 1986, S. 14ff., 62ff., 104ff.). Dementsprechend war der Bombenangriff der USA auf Bengasi und Tripolis am 15. April 1986, der als militärische Reaktion auf die Weigerung Libyens erfolgte, die Verdächtigen des Anschlags auf die Berliner Diskothek »La Belle« zehn Tage zuvor auszuliefern, weder als Selbstverteidigung noch unter anderen Gesichtspunkten völkerrechtlich zu rechtfertigen. Das gleiche gilt für die Raketenangriffe im Jahr 1998 auf eine Fabrik im Sudan und angebliche Ausbildungslager bin Ladens in Afghanistan als Reaktion auf die Anschläge auf die US-

Botschaften in Kenia und Tansania. Das waren alles keine Maßnahmen der Selbstverteidigung, sondern völkerrechtlich nicht erlaubte Vergeltungsschläge.

Weitere Zweifel an einem Selbstverteidigungsrecht gegen die Terroranschläge vom 11. September ergeben sich daraus, dass der *Angriff gegenwärtig* sein muss. Selbst wenn man einem angegriffenen Staat das Recht und die Zeit zu wohl überlegten Verteidigungshandlungen einräumen muss, so sollte die Gefahr einer Wiederholung bzw. neuer Anschläge präsent sein. Dies ist zwar von Justizminister Ashcroft mehrfach behauptet worden und auch bin Laden hat jüngst (10. November 2001) Vergeltungsschläge mit biologischen und nuklearen Waffen angedroht, falls die USA derartige Waffen benutzen würden. Von den Anschlägen mit Anthrax ist bisher nicht behauptet worden, dass sie von bin Laden kämen, und weitere Indizien für unmittelbar drohende Angriffe aus Richtung Afghanistan sind nicht genannt worden. Überhaupt sprechen die Ubiquität des Terrorismus und die Tatsache, dass die Terroristen an keine Grenzen gebunden sind und die Staaten nach Belieben wechseln können, dafür, dass mögliche weitere Anschläge aus ganz anderen geographischen Richtungen zu erwarten sind und von ganz anderen Orten aus gesteuert werden. Die einzig gesicherten Verbindungen der Selbstmordattentäter zu ihren Aufenthaltsorten und Hintermännern verweisen derzeit auf Deutschland, Großbritannien, Spanien, Saudi-Arabien und die USA selbst.

Doch schieben wir alle diese Bedenken beiseite und akzeptieren wir ein militärisches Selbstverteidigungsrecht, so begrenzt Art. 51 UN-Charta die Dauer dieses Rechts ausdrücklich auf die Zeit, *»bis der Sicherheitsrat die zur Wahrung des Weltfriedens und der internationalen Sicherheit erforderlichen Maßnahmen getroffen hat«*. In seiner Resolution vom 12. September hatte der Sicherheitsrat zunächst lediglich angekündigt, dass er alle notwendigen Schritte zur Beantwortung der Terroranschläge vom 11. September unternehmen und alle Formen des Terrorismus bekämpfen werde.

Derartige Schritte hat er dann in seiner Sitzung vom 28. September mit der Resolution 1373 beschlossen und konkrete Maßnahmen gegen die finanzielle Basis und logistische Unterstützung von Terroristen eingeleitet. Er hat ein Komitee eingerichtet und mit der Überwachung der Maßnahmen beauftragt, die auch bereits von einzelnen Staaten eingeleitet worden sind. Schließlich hat er erneut betont, dass er »mit der Angelegenheit« weiter befasst bleiben wolle.

Nehmen wir Artikel 51 UN-Charta und die Ratio seiner Begrenzung ernst, war zu jener Zeit bereits das Verteidigungsrecht der USA konsumiert, und die alleinige Kompetenz für militärische Maßnahmen lag gem. Art. 39 und 42 UN-Charta beim Sicherheitsrat. Zwar hat er in der Präambel der Resolution noch einmal das individuelle und kollektive Recht auf Selbstverteidigung bestätigt, diese Selbstverständlichkeit aber nur in derart allgemeiner Form ausgedrückt, dass daraus nicht der Schluss gezogen werden kann, er ermächtige die USA dazu trotz der von ihm selbst ergriffenen Maßnahmen. Der Sicherheitsrat hat selbst zu entscheiden, welche Maßnahmen er für erforderlich hält – und zu jenem Zeitpunkt hielt er offensichtlich eine militärische Reaktion nicht für angebracht.[2] Kein Staat darf, wenn er anderer Ansicht ist, zu den von ihm für erforderlich gehaltenen Maßnahmen greifen, wenn sie gegen das Gewaltverbot des Art. 2 Z. 4 UN-Charta verstoßen.

Schon 1996, zu einer Zeit, als die Taliban noch von Pakistan und den USA unterstützt wurden, hatte der Sicherheitsrat festgestellt, dass die »Situation in Afghanistan einen fruchtbaren Boden für Terrorismus und Drogenhandel« biete und auf die Region destabilisierend wirke (Res. 1076 v. 22. Oktober 1996). Zwei Jahre später forderte er von den Taliban, die Aufnahme und Ausbildung internationaler Terroristen zu unterlassen und sie zur Rechenschaft zu ziehen (Res. 1214 v. 8. Dezember 1998). Da die Taliban dieser Aufforderung offensichtlich nicht nachgekommen waren, bezeichnete er diese Weigerung als eine Bedrohung des Weltfriedens und der internationalen Sicherheit, missbilligte den Aufenthalt bin Ladens in Afghanistan, forderte seine Auslieferung und verhängte zugleich ein Flug- und Finanzembargo gegen die Taliban (Res. 1267 v. 15. Oktober 1999). Letzteres erweiterte er ein Jahr später um ein Waffenembargo und den Abbruch der militärischen Zusammenar-

[2] Diese beschloss er erst am 20. Dezember 2001 durch die Resolution 1386 mit der Einrichtung der »International Security Assistance Force« (ISAF), die ein Mandat zu militärischen Zwangsmaßnahmen gem. Art. 39/42 UN-Charta erhalten hat. Mit diesem Datum entfiel definitiv jede völkerrechtliche Legitimation für die Bombardierung afghanischer Ziele durch die US-Armee, wie sich aus Art. 51 S. 1 UNO-Charta ergibt.

beit mit den Taliban, die bis dahin immer noch von einigen Staaten unterhalten worden war (Res. 1333 v. 19. Dezember 2000). Der Sicherheitsrat knüpfte also mit seinen beiden Resolutionen vom September 2001 an seine Bemühungen an, evtl. von bin Laden und Afghanistan ausgehende Terrorakte zu unterbinden und die Region zu stabilisieren. Die Tatsache, dass diese Maßnahmen den Terroranschlag vom 11. September nicht verhindern konnten, verbietet es einzelnen Staaten zwar nicht, andere Maßnahmen, die sie für wirksamer halten, einzuleiten, befreit sie aber nicht von dem zwingenden Gewaltverbot des Art. 2 Z. 4 UN-Charta. Die ebenfalls in Art. 2 Z. 3 UN-Charta verankerte zwingende Pflicht zur friedlichen Beilegung internationaler Streitigkeiten hätten die USA verpflichtet, auf das Verhandlungsangebot der Taliban einzugehen und ihre Versicherung, bin Laden dann an einen neutralen Staat auszuliefern, wenn zwingendere Beweise für seine Täterschaft vorgelegt würden, nicht kategorisch zurückzuweisen.

4. Exzess und ius in bello

Trotz allem beanspruchen die USA, Großbritannien und die Bundesregierung weiterhin das Recht auf Selbstverteidigung für den aktuellen Kriegseinsatz. Sie nehmen unbeeindruckt von allen völkerrechtlichen Bedenken das ius ad bellum in Anspruch. Unterstellen wir auch jetzt noch das Recht für die USA und ihre Verbündeten, so befreit sie das jedoch nicht von den weiteren Regeln des Kriegsvölkerrechts, das sog. ius in bello, welches für jeden militärischen Einsatz gilt, sei er völkerrechtlich legitimiert oder auch nicht. Dieses Recht ist vornehmlich in dem I. Zusatzprotokoll zu den Genfer Konventionen von 1949 über den Schutz der Opfer internationaler bewaffneter Konflikte von 1977 zusammengefasst. Das Protokoll konkretisiert den allgemeinen Grundsatz der Verhältnismäßigkeit der Mittel, das strikte Verbot der Bedrohung oder des Angriffs auf Zivilisten und zivile Einrichtungen und das Verbot sog. unterschiedsloser Angriffe. Die USA haben das I. Zusatzprotokoll zwar bisher nicht ratifiziert, die folgenden Grundsätze haben jedoch völkergewohnheitsrechtliche Geltung und binden die USA ebenso.

So lautet Art. 35 I. Zusatzprotokoll:

»1. In einem bewaffneten Konflikt haben die am Konflikt beteiligten Parteien kein uneingeschränktes Recht in der Wahl der Methoden und Mittel der Kriegführung.

2. Es ist verboten, Waffen, Geschosse und Material sowie Methoden der Kriegführung zu verwenden, die geeignet sind, überflüssige Verletzungen und unnötige Leiden zu verursachen.

3. Es ist verboten, Methoden oder Mittel der Kriegführung zu verwenden, die dazu bestimmt sind oder von denen erwartet werden kann, dass sie ausgedehnte, langanhaltende und schwere Schäden der natürlichen Umwelt verursachen.«

In den folgenden Artikeln wird dieses Verbot der Unverhältnismäßigkeit und des Übermaßes an Waffenwirkungen und Zielobjekten präzisiert. So verstößt der Einsatz von Streubomben, deren einzelne Sprengladungen wie Landminen noch lange nach ihrem Abwurf explodieren können, gegen Art. 51 I. Zusatzprotokoll. Trinkwasser- und Bewässerungsanlagen sind nach Art. 54 ebenso geschützt wie Deiche und Staudämme nach Art. 56. So wirksam die Informationen über die Kriegführung durch die amerikanische Regierung und Fernsehsender auch zensiert und gefiltert werden, die freigegebenen Nachrichten und Bilder belegen dennoch die massiven Verletzungen dieses Kriegsvölkerrechts. Das Elend der Flüchtlingsströme und die Winterkatastrophe für die fliehenden Menschen stehen völlig außer Verhältnis zu der ursprünglichen Absicht, bin Laden zu fangen.

Darüber hinaus beobachten wir eine deutliche Verschiebung des Kriegsziels. Die Ergreifung bin Ladens ist schon bald durch das Ziel der Beseitigung des Taliban-Regimes überlagert worden. Das hat in der Tat nichts mehr mit Selbstverteidigung, sondern mit der Neuordnung einer Region zu tun, was nach Art. 2 Z. 7 UN-Charta eindeutig verboten ist. Das ist endgültig ein Verteidigungsexzess, wenn man überhaupt die These von der Selbstverteidigung akzeptiert. Für den Beschluss des Bundestages, ab Mitte November in das militärische Geschehen einzugreifen, ist der Zeitpunkt und die Entwicklung des Krieges entscheidend, da er jetzt definitiv die Grenzen der Verteidigung überschritten hat.

5. Ende des Völkerrechts?

Heute ist das Argument der »Selbstverteidigung« eine Farce und mit keiner Interpretation mehr zu retten. Wir sollten eher jenen Argumenten unsere Aufmerksamkeit schenken, die den Krieg gegen den Terror in dem geostrategischen Zusammenhang der Neuordnung Zentralasiens sehen. Das wird an der Verschiebung des Kriegsziels deutlich, die die Ergreifung bin Ladens schon bald durch die Beseitigung des Taliban-Regimes überlagert hat. Es geht nicht um Selbstverteidigung, sondern um eine imperialistischen Neuordnung der Region. Schon gar nicht kann sich die Vorbereitung zur Intervention in Somalia und den Irak auf Selbstverteidigung berufen, wo selbst die New York Times einen zeitlichen, geographischen oder unterstützenden Zusammenhang zu bin Laden und Al-Qa'ida nicht mehr erkennen kann.

Es scheint also einiges für die verbreitete These vom Ende des Völkerrechts, auf jeden Fall aber von der Instrumentalisierung des Völkerrechts durch die USA zu sprechen.[3] Das hatte schon Friedrich Engels am Beispiel Roms formuliert, welches mit seinem Sieg bei Pydna (168 v.u.Z.) über Makedonien die römische Alleinherrschaft im Mittelmeerraum etablierte und bis weit in den Osten des gedemütigten Seleukidenreiches keinen völkerrechtlichen Partner mehr vorfand, sondern seine Herrschaftsbedingungen diktierte: »Über alle Länder des Mittelmeerbeckens war der nivellierende Hobel der römischen Weltherrschaft gefahren, und das jahrhundertelang ... Die römische Verwaltung und das römische Recht hatten überall die alten Geschlechterverbände aufgelöst und damit den letzten Rest lokaler und nationaler Selbständigkeit ... Die ungeheure Menschenmasse des ungeheuren Gebiets hatte nur ein Band, das sie zusammenhielt: den römischen Staat, und dieser war mit der Zeit ihr schlimmster Feind und Unterdrücker geworden...«[4]

Imperiale Mächte stehen nicht nur mit ihren Rivalen, sondern mit der ganzen internationalen Rechtsordnung auf Kriegsfuß. Hegemonia-

---

[3] So nun auch die Weigerung der US-Administration, die auf die Kuba-Enklave Guantanamo gebrachten afghanischen Gefangenen nach den Regeln der Genfer Konventionen von 1949 zu behandeln.

[4] Friedrich Engels, Der Ursprung der Familie, des Privateigentums und des Staats, in: Marx-Engels Werke (MEW) Bd. 21, Berlin 1973, S. 25ff., S. 142f., und in Marx-Engels Gesamtausgabe (MEGA) Bd. I, 29, Berlin 1990, S. 10ff., S. 88f.

le Herrschaft ist unvereinbar mit dem antihegemonialen Völkerrecht – und die Position der USA wird oft mit der Roms verglichen. Doch Rom ging unter und hinterließ das römische Recht, das noch heute zu den Fundamenten der modernen Rechtssysteme gehört. Die nachfolgenden europäischen Kolonialreiche und das ganze System der Kolonialherrschaft ging unter, ohne die Prinzipien der Völkerrechtsordnung mit sich zu vernichten. Im Gegenteil, die antikoloniale und demokratische Wendung des Völkerrechts war einer der wirksamsten Hebel bei der Beseitigung des alten Kolonialsystems. Der aktuelle hegemoniale Völkerrechtsnihilismus der US-Administration trifft daher auf eine ganz andere Völkerrechtsordnung als Rom – die Dialektik von Macht und Recht hat für den imperialen Herrschaftsanspruch weit gefährlichere Züge als in den Epochen zuvor.

Nehmen wir die Entwicklung der internationalen Gerichtsbarkeit, so spiegelt sich die Gefahr in dem Widerstand der USA gegen die Einrichtung des Weltstrafgerichtshofes, den sie jedoch nicht verhindern kann. Die Verurteilung der 1986 am Anschlag auf die Berliner Diskothek »La Belle« Beteiligten im vergangenen Jahr wurde als Triumph der Rechtsstaatlichkeit gefeiert. Unmittelbar nach dem Attentat hatten die USA sich damals noch zu einem Vergeltungsangriff auf Tripolis und Bengasi verleiten lassen, um Staatschef Ghadafi zu liquidieren – eine Operation, die ebenso fruchtlos wie völkerrechtswidrig war. Die USA lernten jedoch aus dem Fehlschlag und griffen nach dem Absturz der PAN AM-Maschine 103 über dem schottischen Lockerbie im Dezember 1988 nicht sofort wieder zu den Waffen, sondern schalteten den UNO-Sicherheitsrat ein. Es dauerte genau sieben Jahre, bis dessen Sanktionen und intensive Verhandlungen schließlich Libyen bewogen, die Verdächtigen an die Niederlande auszuliefern, wo ihnen der Prozess vor einem Gericht mit schottischen Richtern nach schottischem Recht gemacht wurde. Die USA haben zwar immer noch nicht – anders als der Sicherheitsrat – ihre Sanktionen gegen Libyen aufgehoben. In der Zwischenzeit jedoch war es Ghadafi, der westliche Geiseln freikaufte, und sein Sohn vermittelte zwischen der deutschen Regierung und den Taliban zur Freilassung der Shelter-Now-Mitarbeiter.

Es ist eines der leider noch seltenen Beispiele dafür, dass die Ablösung des Faustrechts durch den gerichtlichen Prozess einen fundamentalen Fortschritt in zivilisierter Konfliktlösung darstellt. Bei den Beziehungen der Völker und Staaten untereinander stehen wir erst an der Schwelle zur Einrichtung einer wirksamen Gerichtsbarkeit – mit noch erheblichen Widerständen und Vorbehalten. Dennoch ist es die einzige zur Diskussion stehende Alternative, Krieg und Gewalt aus dem Arsenal der internationalen Beziehungen in einen rationalen Modus gegenseitiger Verhandlung und Verfahrens auf der Basis gemeinsamer Normen der internationalen Rechtsordnung zu überführen. Die brutalste Form der Negation des Völkerrechts durch den deutschen Faschismus endete schließlich im Zweiten Weltkrieg. Das Nürnberger Tribunal leitete eine neue Etappe der internationalen Rechtsordnung in den Vereinten Nationen ein. Am erneuten »Scheitern des Völkerrechts« steht die Geburt eines Rechts der Konfliktregulierung, welches das Völkerrecht auf eine neue Stufe normativer Wirkung hebt, dem sich auch hegemoniale Arroganz nicht auf Dauer wird widersetzen können. Es ist zwar richtig, dass Gerichte nicht in der Lage sind, die Wurzeln des Terrorismus zu ziehen oder imperiale Ambitionen zu zügeln. Die Rationalität, Weltöffentlichkeit und Transparenz ihrer Verfahren vermögen aber der militärischen Reaktion die »Legitimation« ihres Einsatzes, die Selbstlegitimierung der Bombardierung und Tötung von Tausenden in der Zivilbevölkerung zu nehmen. Es ist auch richtig, dass gegenwärtig keine Macht ersichtlich ist, den US-amerikanischen Imperialismus in die Schranken zu weisen. Aber kein Argument, keine moralische oder theologische Norm ist so allgemein und unverdächtig jeden partikularen Interesses, dass es wie das Völkerrecht den imperialen Herrschafts- und Ordnungsansprüchen die Legitimation zu entziehen vermag.

Das Völkerrecht wird als Kooperationsrecht gleichberechtigter Subjekte und als Konsensordnung einer nicht hegemonial dominierten, sondern demokratisch gestalteten Staatenordnung stets eine unsichere und gefährdete Zukunft haben.[5] Der Inhalt dieser Ordnung, der Fortschritt und die Effektivität ihrer auf Frieden und soziale Gerechtigkeit ausgerichteten Rechtsprinzipien werden weitgehend davon abhängen, inwieweit es wirklich gelingen wird, die Gewalt- und Herrschaftsstrukturen in den internationalen Beziehungen zu nivellieren und den Unilateralismus der neuen Pax americana einzudämmen. Entscheidend für die-

[5] Vgl. N. Paech/G. Stuby, Völkerrecht und Machtpolitik in den internationalen Beziehungen, Hamburg 2001, S. 861ff: Die Zukunft des Völkerrechts.

sen Prozess ist zum einen der innere Zustand der Demokratie in den Staaten des »Nordens«, insbesondere der gegenwärtigen Hegemonialmacht USA und ihrer europäischen »Vasallen und tributpflichtigen Staaten« (Z. Brzezinski), zum anderen aber auch die Stärke der Vereinten Nationen und ihr Beitrag zur Weiterentwicklung des Völkerrechts. Es macht keinen Sinn, das gegenwärtige Demokratiedefizit in den internationalen Beziehungen durch universalistische Vorstellungen von Weltökonomie, Weltstaat, Weltbürgerrecht und Weltinnenpolitik hinweginterpretieren zu wollen. Die nach wie vor tiefe Spaltung der Welt in Nord und Süd, Zentrum und Peripherie ist auch nach Auflösung des Ost-West-Antagonismus der Grundtatbestand der internationalen Beziehungen und des Völkerrechts. In ihm wird sich das Niveau der zukünftigen Weltordnung nach dem Scheitern oder der Durchsetzung gleichberechtigter und kooperativer Beziehungen richten.

Udo Steinbach
Islam, Menschenrechte und Gewalt

Der Titel signalisiert Irritation. Tatsächlich kann nicht daran vorbeigesehen werden, dass der Gewaltakt vom 11. September 2001 in islamischen Koordinaten verortet und gerechtfertigt wurde. Dieser Umstand bedarf einer vertieften Erklärung. Denn wieder und wieder wird zu Recht darauf verwiesen, dass der Begriff »Islam« aus den gleichen Wurzelkonsonanten (s-l-m) wie das arabische Wort für »Frieden« (*salam*) gebildet werde. »Frieden« aber und das horrende Szenario vom 11. September – wie passt das zusammen?

Irritation herrscht im Westen auch darüber, dass überhaupt Religion in die politische Dimension gerückt werden könne. Es gehört zum Grundbestand europäischer Überzeugungen, dass Religion und Politik getrennte Räume seien. Religionskriege größeren Ausmaßes wurden in Europa, dem »christlichen Abendland«, zuletzt im Dreißigjährigen Krieg ausgetragen. Mit dem Westfälischen Frieden (1648) sollte eine politische Ordnung etabliert werden, in der sich Staaten und Regierungen ausschließlich auf der Grundlage von Interessen und anderen weltlichen Erwägungen und Tatbeständen leiten lassen würden. Der Konflikt zwischen Katholiken und Protestanten in Nordirland wird als marginal und zutiefst unzeitgemäß empfunden; er gilt eher als Bestätigung der Regel. In den Konflikten auf dem Balkan, namentlich um Bosnien-Herzegowina in den 1990er Jahren wurden zwar auch religiöse Untertöne laut; unübersehbar war aber der Krieg eine Auseinandersetzung um Machtpolitik, in der die Religion als identitätsstiftendes Element eher am Rande beschworen wurde. Die Trennung von Politik und Religion gilt auch für andere Weltreligionen bzw. -kulturen. Es ist schwer vorstellbar, dass der Terrorakt vom 11. September etwa innerhalb des Hinduismus oder Buddhismus hätte festgemacht werden können. Bei ihnen handelt es sich um Religionen im Sinne von Glaubensüberzeugungen des Einzelnen. Sie mögen eine gewisse Bedeutung für die innere Verfasstheit hinduistischer bzw. buddhistischer Gesellschaften haben; nach außen lassen sie sich als Politik legitimierende Religionssysteme nicht gebrauchen. Auch der Konfuzianismus als eine weltliche Wertordnung gibt keine Rechtfertigung für politische Gewaltakte her.

Überhaupt scheint die islamische Religion die einzige geistige Kraft zu sein, die nach dem Ende des Kommunismus weltweit Menschen zu mobilisieren vermag. Dies nicht im Sinne eines geschlossenen Auftretens oder einer homogenen Grundeinstellung zu den Herausforderungen der Welt des beginnenden 21. Jahrhunderts. Aber eine globale Betroffenheit von Muslimen über Grundtatbestände, die ihre religiös-politische Überzeugung berühren, ist kaum zu übersehen. So hat das Verbrechen vom 11. September durchaus in weitesten Teilen der islamischen Welt zwischen Indonesien und Nordafrika Menschen bewegt, die sich, wenn auch auf ganz unterschiedliche Weise, betroffen fühlten. Die Palästina-Frage treibt Muslime auch weit außerhalb des arabischen Raumes um. Sie steht für Entwicklungen im 20. Jahrhundert, von denen sie sich weithin – negativ – betroffen fühlen. Der Konflikt in Afghanistan in den 90er Jahren hat Muslime aus allen Teilen der Welt als Kämpfer gegen den gottlosen Kommunismus angezogen. Ähnliches gilt für andere, auch zeitgenössische Konflikte in der und am Rande der islamischen Welt. Soziale Fragen im Zusammenhang mit Entwicklungsproblemen im islamischen Raum lassen Menschen in unterschiedlichen Teilen der Welt nach Lösungen in islamischer Dimension suchen. Und weit verbreitet sind Gefühle von Unbehagen und Auflehnung gegenüber »dem Westen« und insbesondere dessen Vormacht, den USA. In diesem Klima der Betroffenheit, das mit dem eigentümlichen Verhältnis von Religion und Politik zusammenhängt, ist im Extrem auch ein Usama bin Laden festzumachen. Er steht für die diffuse Entschlossenheit, die bestehenden Verhältnisse, die, unter welchen Vorzeichen immer, als unakzeptabel empfunden werden, gegebenenfalls auch durch gewalttätige Aktionen zu verändern.

Das menschenverachtende Verbrechen vom 11. September lässt fast zwangsläufig die Frage nach dem Stellenwert des Einzelnen, mithin nach den Menschenrechten, ins Blickfeld treten. Welchen Stellenwert hat der Mensch, wenn sich Einzelne für eine abartige Glaubenstat, für ein Verbrechen hergeben? Und wie hoch ist der Respekt für den Menschen, wenn die Tötung Unbeteiligter nicht nur nicht vermieden, sondern im Gegenteil bewusst ins Kalkül gezogen wird, um die Wirkung des Verbrechens zu maximieren? Dass dies am 11. September nicht zum ersten Mal geschehen ist, lässt die lange Kette islamistisch begründeter Gewalttaten in den 90er Jahren, wo immer und gegen welchen Gegner immer sie begangen wurden, erkennen.

Diese Fragen erhalten ihre Dringlichkeit durch die unübersehbaren Defizite bei der Verwirklichung der Menschenrechte in weitesten Teilen der islamischen Welt. Die politische Landschaft ist durch autokratische Regime gekennzeichnet, in denen der Bürger wenig gilt. Der Staat und die Stabilität des Regimes sind übergeordnete Kategorien, denen der Mensch unterworfen wird. In nicht wenigen Staaten gelten selbst bei formal weitgehend vollzogener Säkularisierung das islamische Recht oder Elemente davon. Die Präambeln der Verfassungen zahlreicher islamischer Staaten besagen, dass die Scharia – und hier gibt es eine Scharia erhebliche Bandbreite des Geltungsbereichs – *eine* bis hin zu *die wichtigste* Quelle der Gesetzgebung sei. Die religiöse Dimension behält also eine hohe Relevanz im Verhältnis von Staat und Bürger und beschränkt weiter die Geltung der Menschen- und Bürgerrechte. So ist die Frage berechtigt, ob Gewalttätigkeit nach innen und Gewaltbereitschaft nach außen in einem Zusammenhang stehen. Im Extrem sollte dies auf die Frage nach der religiösen Begründung militanter, ja terroristischer Aktivitäten hinauslaufen. Was bringt Menschen bzw. Regime dazu, Gewalttätigkeit, Krieg und gegebenenfalls Terrorismus in religiöse Koordinaten zu rücken? Hängen der Mangel an Menschenrechten aufgrund der Einordnung des Menschen in ein religiöses Ordnungssystem und Gewaltausübung nach außen im Namen der Religion zusammen?

Umgekehrt ist mit Blick auf Europa und den säkularisierten Westen zu fragen, in welcher Weise die Trennung des säkularen vom religiösen Raum die Ausübung von Gewalt beeinflusst (vermindert) hat, und ob die Geltung der Menschenrechte, die Etablierung demokratischer Ordnungen und die Respektierung von Pluralität gleichsam die andere Seite des Abrückens von Gewaltausübung im Namen der Religion darstellen.

1. Religiöser und gesellschaftlicher Raum im Islam

Zunächst einmal muss festgestellt werden, dass auch der Islam für die überwältigende Mehrheit seiner Anhänger zu allererst eine Religion ist, die ihnen die Perspektive eröffnet, ihrem Leben eine Dimension der Transzendenz und der Unterordnung unter den Willen und zugleich die Gnade und Barmherzigkeit Gottes zu vermitteln. Religion ist damit ein Phänomen der alltäglichen Lebensgestaltung durch die Vergegenwärtigung Gottes in seinem Wort bzw. die Erfüllung religiöser Rituale. Die Befolgung des göttlichen Gesetzes ist ein Teil der Glaubensausübung und bedeutet nicht ipso facto die ständige Mobilisierung der Entschlossenheit, die politische und gesellschaftliche Ordnung in eine spezifische religiös-politisch-rechtliche Verfasstheit umzuwandeln bzw. sogar diese Ordnung nach außen zu propagieren oder gewaltsam zu expandieren. Neben der Orthodoxie hat sich in allen Teilen der islamischen Welt ein breiter Strom mystischen Denkens und Fühlens auf der Grundlage islamischer Begriffe und religiöser Vorstellungen herausgebildet. Hier geht es ausdrücklich um die Perfektionierung des Menschen mit Blick auf seine Beziehung zu Allah und um die Beschreitung eines langen Weges vielfältiger Exerzitien mit dem Ziel, das menschliche Individuum letztendlich in der Erscheinungsform Gottes aufgehen zu lassen. Die Mystik stellt dic individuelle Vervollkommnung in den Mittelpunkt religiöser Bemühungen des Menschen, so dass die Bedeutung der Gesellschaft und ihrer wie immer durch die Religion geprägten Verfasstheit zurücktritt. Wie für andere Religionen auch wird man also feststellen müssen, dass der Masse der Muslime die Legitimierung von Gewalt, sei es im privaten oder sei es im öffentlich-politischen Raum, fremd ist. Wenn denn doch der Bezug von Gewalttätigkeit, Kriegführung und Terror zu Begriffen und religiösen Wertvorstellungen des Islams in den vergangenen Jahrzehnten gelegentlich wieder und manchmal sogar mit besonderer Intensität und Brutalität hergestellt worden ist, so handelt es sich hier nicht um die normale Erscheinungsform muslimischer Frömmigkeit, sondern um extreme Interpretationen. Diese sind in ihren jeweiligen politischen und gesellschaftlichen Kontexten festzumachen; zugleich ist die religiöse Begrifflichkeit, mit der Gewaltakte begründet und gerechtfertigt sowie Menschen zu ihnen mobilisiert werden, zu erläutern.

Ohne Zweifel freilich ist der Islam also auch eine Religion, die zugleich eine politische Dimension hat. Das Dasein eines im vollen Sinne gläubigen Muslims vollzieht sich – wenn auch in vielfältig unterschiedlicher Form – mit Blick auf die Gesellschaft als Ganze. Auf eine saloppe Formel gebracht, lässt sich feststellen, dass der Verkünder des Islams, der Prophet Mohammed, weder den Kreuzestod erlitt (Jesus), noch unter einem Baum meditierend Erleuchtung erhalten hätte (Buddha). Die frühe muslimische Gemeinde zog sich auch nicht in Katakomben zurück, wenn sie von den weltlichen Gewalten drangsaliert wurde. Und ein Diktum des Inhalts: »Gebt dem Kaiser, was des Kaisers ist, und Gott, was Gottes ist«, ist aus der islamischen Überlieferung nicht bekannt. Als der Druck der Mekkaner auf die Gemeinde der Muslime, die der örtlichen Vielgötterei beharrlich die Vorstellung von dem einen Gott entgegenhielt, zu groß wurde, verließ der Prophet mit seiner Gemeinde das feindselige Mekka und begab sich in das nahe Medina, wo ihm die Möglichkeit erwuchs, auf der Grundlage der offenbarten Weisungen Gottes an die Gläubigen ein Gemeinwesen aufzubauen, dessen Legitimation untrennbar verbunden war mit der Befolgung der Gebote, die von Gott über den Propheten der Gemeinde erteilt wurden. Acht Jahre nach seiner Auswanderung wurde Mekka von Medina aus erobert (630); und beim Tode des Propheten (632) war die gesamte Arabische Halbinsel bereits der islamischen Gemeinde (*umma*), die in Medina ihren Mittelpunkt hatte, einverleibt.

Bezeichnend ist, dass das Datum der Auswanderung der Muslime von Mekka nach Medina, mithin also der Gründung eines staatlichen Gemeinwesens auf der Grundlage des Islams, zum Beginn der islamischen Zeitrechnung wurde (622). Man zählte nicht etwa vom Geburtstag des Propheten oder dem Beginn der Offenbarung, sondern von dem Tage an, da die Gemeinde als politisch-gesellschaftliche Größe Realität wurde.

Der Auftrag, über den *dschihad fi sabil Allah* (die Bemühung auf dem Wege Gottes) das »Gebiet des Krieges« (*dar al-harb*) dem »Gebiet des Islams« (*dar al-islam*) einzuverleiben, ist bezeichnend für die Untrennbarkeit des säkularen und religiösen Raumes. Im Unterschied zum Christentum kennt der Islam keine Kirche, also die Trennung von *sacerdotium* und *imperium*. Für den Gläubigen in seiner *umma* bedeutet die Religion zugleich Rechtleitung in seinem privaten wie öffentlich-gesellschaftlichen Leben. Im Mittelalter mögen im christlichen Europa beide Bereiche zeitweilig auf das engste aneinander angenähert worden sein – religiöser und politischer Raum blieben aber eine Zweiheit. Vor dem Hintergrund der Zwei-Lichter-Theorie wurde gestritten, welches »Licht« wen bescheine; wer also der Mond und wer die Sonne sei: Papst oder Kaiser. Am Ende des Mittelalters setzte ein Trennungsprozess von Staat und Kirche ein. Demgegenüber lässt sich das Verhältnis von Gesellschaft und Religion im Islam mit einer Medaille vergleichen: Sie lässt sich nicht spalten – die weltlich-gesellschaftliche Seite ohne die *religio* (Rückbindung) an die Transzendenz ist ebenso wesenlos wie die religiöse Dimension ohne ihre Wirkung im politisch-gesellschaftlichen Raum.

Insbesondere im 20. Jahrhundert – auf diese Entwicklung kann hier im Einzelnen nicht eingegangen werden – sind nachhaltige Bemühungen unternommen worden, die Medaille doch zu spalten und auf diese Weise das Entwicklungsdefizit weiter Teile der islamischen Welt zu überwinden, das muslimische Eliten zwischen Indonesien und Nordafrika der Verquickung von Politik und Religion zuschrieben. Diese Entscheidung, die gegen Ende des 20. Jahrhunderts vor allem seitens der Islamisten (Fundamentalisten) nachhaltig bekämpft wurde, hat sich zwar in nicht wenigen Ländern in der islamischen Welt behaupten können und bildet bis in die Gegenwart die Grundlage der politischen Ordnungen. Ein gläubiger Muslim mag dies aus praktischen Gründen nachvollziehen; emotional stehen viele Muslime der Säkularität skeptisch bis nachhaltig ablehnend gegenüber. In ihrem persönlichen Leben und in ihrer Gesellschaft versuchen sie, sich soweit an den Geboten und Gesetzen des Islams zu orientieren, wie dies nach Lage der Dinge möglich ist. Die Aufrechterhaltung der Säkularität als der Grundlage des Gemeinwesens ist noch immer das Anliegen von Eliten, die dies im Namen der Staatsraison von oben verordnen und überwachen. Eine – wie etwa in Europa oder in Amerika – selbstverständliche Voraussetzung einer politischen Ordnung, innerhalb derer der Mensch mit seinen Rechten seinen Platz findet, den er nicht zuletzt auch gegen die Religion verteidigt, ist dies noch nicht.

2. Die Herausforderung des Westens

Vor diesem Hintergrund ist es in der Neuzeit immer wieder zu gewalttätigen Reaktionen auf die Auseinandersetzung zwischen Teilen der islamischen Welt und dem Westen gekommen. Das gilt für die wahhabitische Bewegung, die etwa Mitte des 18. Jahrhunderts im heutigen Saudi-Arabien zur Macht gekommen ist. Der Führungsanspruch der Familie Sa'ud verband sich mit einer extrem konservativen Interpretation des Islams, die von dem Theologen Mohammed Ibn Abd al-Wahhab ausging. Diese Entwicklung war nicht zuletzt eine Reaktion auf das Eindringen westlicher »Neuerungen« in den religiös-politischen Körper des Osmanischen Reiches, das seit dem Ende des 17. Jahrhunderts unübersehbare Anzeichen innerer und äußerer Schwächung zeigte. In unterschiedlicher Intensität hat sich die wahhabitische Bewegung bis in die Gegenwart erhalten. Der Export eines konservativen Islams hatte zum Ziel, westlichen Einfluss fern zu halten und die islamische Welt im Zeichen eines konservativen Islamverständnisses zu stärken. Seit Anfang der 70er Jahre des 20. Jahrhunderts konnte sich der Wahhabismus auf erhebliche finanzielle Ressourcen aus den Einnahmen aus dem Verkauf von Erdöl und Erdgas stützen; die Virulenz traditionalistischer und im Wesentlichen antiwestlicher Bewegungen in weitesten Teilen der islamischen Welt ist ohne erhebliche Zuwendungen seitens islamisch-konservativer Kreise auf der Arabischen Halbinsel kaum zu verstehen. Auch der islamische Widerstand gegen die sowjetische Invasion in Afghanistan (1979-1989), innerhalb derer der einer reichen Familie in Saudi-Arabien entstammende Usama bin Laden eine wichtige Rolle spielte, ist aus wahhabitischen Kreisen finanziell ausgestattet worden.

Eine andere für das Verständnis des Verhältnisses zwischen dem Westen und Teilen der islamischen Welt wesentliche Entwicklung war die von Ayatollah Khomeini angeführte islamische Revolution in Iran und die Gründung der Islamischen Republik dort Anfang 1979. Hier gelang es zum ersten (und bislang einzigen) Mal, ein Regime zu beseitigen, das auf umfassende Weise den Interessen des Westens, und insbesondere der USA, verbunden, ja – in der Wahrnehmung zahlreicher Iraner selbst – unterworfen war. Eine »islamische Ordnung« trat an die Stelle eines verwestlichten Systems; islamische Werte ersetzten westliche Ordnungsvorstellungen und westliche Kulturelemente. Aus der Entfremdung schien der islamische Iran wieder zu seiner eigentlichen Identität zurückgekehrt zu sein. Der dem Iran durch das irakische Regime unter dem Diktator Saddam Husain Ende 1980 aufgezwungene Krieg nahm in seinem weiteren Verlauf ideologische antiwestliche Züge an. Khomeinistischer Propaganda gemäß sollte der Krieg »über Kerbela nach Jerusalem« führen. Ohne diese mobilisierende und emotionale Formel zu erklären, seien hier nur die Umrisse des weitreichenden politischen Programms angedeutet: Die Befreiung von Kerbela, des für die Schiiten – nach Mekka und Medina – heiligsten Platzes –, von der Herrschaft des »gottlosen Tyrannen« Saddam Husain, steht für die Befreiung der islamischen Welt von ihren inneren Feinden (und damit sind nahezu alle Potentaten und die dem Westen verfallenen Eliten gemeint). Danach ist das Ziel die Befreiung von Jerusalem (al-Quds), d.h. die Befreiung des heiligen Landes von äußeren Feinden des Islams: den Zionisten und den USA. Mit der Gründung der Hizbollah im Libanon (1982) gelang es Iran, eine zweite Front aufzumachen. Hier standen sich muslimische Kämpfer khomeinistischer Inspiration und Israel gegenüber, das 1982 weite Teile des Landes besetzt hatte. Gewalttätige Akte, die auch Terror einschlossen, führten dazu, dass Israel 1984 den Libanon bis auf die Sicherheitszone im Süden räumen musste. Damit war Gewalttätigkeit im Zeichen des Islams weithin gerechtfertigt und machte nun durch die 90er Jahre u.a. in Algerien, Ägypten und Palästina Schule. Der Rückzug Israels aus der selbsterklärten Sicherheitszone im Mai 2000 wurde als Sieg gefeiert. Als etwa vier Monate später (28.9.2000) die Al-Aqsa-Intifada ausbrach, inspirierten sich palästinensische Selbstmordattentäter mit der »siegreichen« Strategie der Hizbollah.

Die skizzenhafte Übersicht lässt erkennen, dass sich politische Kräfte im Namen des Islams dem Vordringen »des Westens« in seinen politischen, wirtschaftlichen und kulturellen Erscheinungsformen entgegenstellten. Dieser Widerstand freilich hatte zu keiner Zeit eine verbindliche religiös-politische bzw. ideologische Grundlage; er war auch nicht flächendeckend, sondern flackerte in unterschiedlichen Phasen der Auseinandersetzung mit dem Westen an unterschiedlichen Plätzen in unterschiedlicher Form auf. Islamistische Gewalttätigkeit, die auch den Terror als Instrument der militanten Strategie akzeptierte, war jedoch im Wesentlichen eine Erscheinungsform des Widerstandes im ausgehenden 20. und beginnenden 21. Jahrhundert.

Der Terrorakt vom 21. September 2001 hat als Gewaltakt also eine längere Vorgeschichte. Der wesentliche Unterschied zu vorangegangenem islamistischen Terror liegt in der Dimension des Feindbildes. Gewalttätigkeit hatte seit den 70er Jahren eher lokale Ziele: Israel, die als »westlich« denunzierten Regime oder einzelne Objekte in den jeweiligen islamischen Gesellschaften. Usama bin Laden dagegen hatte gelernt, in globalen Dimensionen zu denken und zu handeln. Sein Einsatz im Afghanistan der 80er Jahre war in den Dimensionen des globalen Ost-West-Konflikts erfolgt – Ziel der Militanz war die Supermacht Sowjetunion. Nach dem Wechsel des Feindbildes und der Aufnahme des Kampfes mit der nunmehr einzigen global handelnden Macht, den USA, gelang es ihm – seit 1996 von Afghanistan aus –, mit der *Al-Qa'ida* ein globales Netzwerk antiwestlicher und insbesondere antiamerikanischer Militanz zu knüpfen. Ziel wurde die Vertreibung »des Westens« aus der islamischen Welt. In diesem Zusammenhang wurden die Ziele des Terroraktes vom 11. September sorgfältig gewählt: das Pentagon als Symbol amerikanischer militärischer Vormachtstellung und das World Trade Center als Ausdruck wirtschaftlicher Globalisierung, angeführt durch die USA.

In dem Vorgesagten wird angedeutet, dass »der Westen« offensichtlich eine Herausforderung an das religiös-kulturelle und politische Selbstverständnis von Teilen der islamischen Welt darstellt. Die sich durch die vergangenen zweieinhalb Jahrhunderte zunehmend artikulierende westliche Dominanz wird in eine ideologische Dimension transformiert, die ideologische Abwehrkräfte weckt. Dabei zeigt sich, dass der Islam selbst zu einer Ideologie transformiert werden kann. Dieser Schritt bedarf »nur« einer selektiven Umdeutung zentraler Begriffe im Islam; einfache Frömmigkeit und die Entschlossenheit, für die »Sache des Islams« zu kämpfen, liegen eng beieinander.

Naturgemäß ist der angedeutete historische Tatbestand mit Blick auf die Geschichte der islamischen Welt insgesamt sowie auf die Beziehung zwischen dieser und der nichtislamischen Nachbarschaft, insbesondere Europa, nur ein kleiner Ausschnitt. Nach dem Stillstand der arabischen Eroberungen hat sich bekanntlich ein vielfältiges Netz politischer, handelsmäßiger und auch kultureller Verflechtungen zwischen beiden Seiten herausgebildet. Zwar war die Koexistenz immer wieder durch kriegerische Einbrüche gefährdet – die Kreuzzüge waren einer unter ihnen – , doch im Großen und Ganzen hat es anhaltende Phasen fruchtbarer Auseinandersetzung gegeben. Gegen Ende des 13. Jahrhunderts setzten die Osmanen die Expansion des »Gebiets des Islams« auf ihre Weise fort und drangen dabei weiter nach Europa vor, als es den Arabern je gelungen war. Mit dem 16. Jahrhundert entwickelten sich diplomatische, wirtschaftliche und später auch kulturelle Beziehungen zwischen dem Osmanischen Reich und seinen europäischen Nachbarn.

Erst nach der gescheiterten zweiten Belagerung von Wien (1683) ging es kontinuierlich mit dem Osmanischen Reich bergab. Bis zu seinem Ende (1918 bzw. 1923/24) waren die Beziehungen durch anhaltende Kriegshandlungen gekennzeichnet, die nur von kurzen Waffenstillständen und Friedensvereinbarungen unterbrochen waren. Das eigentliche Problem lag nunmehr nicht länger in der unübersehbaren europäischen Überlegenheit, sondern in der Uneinigkeit unter den europäischen Imperialmächten, wer von der Zerlegung des Fells des osmanischen Bären am Ende am nachhaltigsten profitieren würde. Zwar verstanden sich die Sultane als islamische Herrscher, und der Islam prägte Herrschaftssystem, Gesellschaftsform, individuelles Leben und die Kultur. Zugleich aber waren Herrschaftsausübung und wirtschaftliches Handeln auch durch weite säkulare Freiräume bestimmt. Erst mit dem unübersehbaren Niedergang versuchten die Herrscher, den Islam zur Mobilisierung der Bevölkerung zu instrumentalisieren. So gewann die Idee des islamischen Kalifats im 19. Jahrhundert wieder eine erhöhte politische Bedeutung. Insgesamt vermochte die Injektion des Islams in den Körper des »Kranken Mannes am Bosporus« keine nachhaltige Wirkung zu erzielen.

Während auf islamischer Seite die Religion – ob im Zusammenhang mit der Politik des Osmanischen Reiches oder mit dem Widerstand islamischer Kräfte gegen die einsetzende Verwestlichung – eine insgesamt gesehen große Bedeutung hatte, beschleunigte sich in Europa der Prozess der Säkularisierung, d.h. der Trennung des politischen vom religiösen Raum. Mit dem Ende des Dreißigjährigen Krieges (1648) entstand ein europäisches Staatensystem, bei dessen Auseinandersetzungen untereinander die Religion eine allenfalls untergeordnete Rolle spielte. Treibende Kraft wurden nationale Interessen. Mit der Aufklärung erfuhr die Säkularisierung von Politik und Gesellschaft ihre konzeptuelle Grundlegung. In der Formulierung von Rechten der Menschen außerhalb aller staatlichen, gesellschaftlichen, kulturellen und vor allem religiösen Kontexte war die Religion als Faktor in Politik und Gesellschaft ausgeschaltet. Damit freilich war die europäische Welt nach innen wie nach außen nicht friedlicher gemacht. In den europäischen Staaten und Gesellschaften selbst konnten Menschen- und Bürgerrechte nur zögerlich gegen die Herrschenden durchgesetzt werden. Im 20. Jahrhundert wurden sie durch totalitäre Ideologien wie den Kommunismus und den Faschismus außer Kraft gesetzt. Der Mensch verlor seine Rechte angesichts der Geltung von den Einzelnen übersteigenden gesellschaftlichen bzw. rassistischen Kriterien. Die Folgen waren verheerend. Nach außen setzten europäische Mächte ihren imperialen und kolonialen Expansionsdrang fort. Die Menschenrechte anderer Völker, die Objekte europäischer Eroberungslust bzw. wirtschaftlicher Interessen waren, wurden ignoriert oder bewusst negiert. Ganze Völker außerhalb Europas – so in Afrika und Amerika – wurden ausgerottet.

Zwar geschahen diese Untaten nicht im Namen der Religion, doch war der Westen (Europa) weit davon entfernt, seine Politik an den Werten zu orientieren, die er unablässig verkündete. Offensichtlich war es dem Christentum nicht gelungen, in seinem Orbit die Menschen im Sinne der christlichen Gebote zu zivilisieren. Zwischen der Botschaft und dem, was die Menschen im säkularen Raum taten, bestand (und besteht) eine tiefe Kluft. Im 20. Jahrhundert kam es in Europa zu den brutalsten und menschenverachtendsten Exzessen bei der Durchsetzung säkularer Ideologien. Im vormaligen Raume des Heiligen Römischen Reiches Deutscher Nation vernichtete ein rassistisches Regime alle Menschen in seinem Herrschaftsbereich, die als »Untermenschen« der Entwicklung der eigenen Rasse entgegenstanden. Und im Raume des »Dritten Rom« zog eine kommunistische Avantgarde gegen alle zu Felde, die ihr auf dem Weg der Umwandlung ihrer Gesellschaft zu einer ideologisch verkündeten »klassenlosen Gesellschaft« im Wege standen. Allein im Zweiten Weltkrieg, in dem es in hohem Maße um die Vorherrschaft rassistischer und kommunistischer Ideologien ging, kamen 20 Millionen Menschen ums Leben.

3. Gewalt und Identitätsverlust

Die Erfahrung von Gewalttätigkeit hat das Verhältnis zwischen der islamischen Welt und »dem Westen« in den vergangenen zweieinhalb Jahrhunderten in hohem Maße geprägt. Mit dem Niedergang des Osmanischen Reiches im 18. Jahrhundert begann die schrittweise Unterwerfung der islamischen Welt durch die europäischen imperialen Mächte. Die napoleonische Expedition (1798) kann symbolisch als der Beginn der Unterwerfung der Muslime in der näheren und weiteren Nachbarschaft Europas in allen Facetten von Politik, Wirtschaft, Gesellschaft und Kultur verstanden werden. Systematisch wurde das Osmanische Reich reduziert – dass sich der Niedergang so lange hinzog, war wesentlich der Tatsache zuzuschreiben, dass sich die europäischen Mächte auf seine Beerbung nicht verständigen konnten. Einem geschlossenen Frieden oder Waffenstillstand folgte der Ausbruch neuer bewaffneter Auseinandersetzungen nach europäischem Gutdünken. Nordafrika, der Nahe und Mittlere Osten wurden der europäischen politischen und wirtschaftlichen Zukunftsplanung unterworfen. 1930 besetzte Frankreich Algerien – um es schließlich als »Algérie française« zum Teil des französischen Mutterlandes zu machen. Nach 1892 verfestigte sich die britische Herrschaft über Ägypten – nicht zuletzt mit Blick auf die Kontrolle des Suez-Kanals im Zusammenhang mit britischen Interessen auf dem Indischen Subkontinent. Das grüne Licht aus London für die Schaffung einer »jüdischen Heimstätte« in Palästina (1917) war ein weiterer symptomatischer politischer Zug, die Kontrolle der Region zu verfestigen. Diese wurde um so wichtiger, je mehr nach den ersten Ölfunden und Abschlüssen von Verträgen zu Ausbeutung und Vertrieb des Erdöls der nahe Osten zu einer primären Interessenregion europäischer Mächte geworden war. Großbritannien und Frankreich – auch Russland kann mit Blick auf die Behandlung der muslimischen Völker in Zentralasien und im Kaukasus nicht außer Acht gelassen werden – hatten sich 1916 die Einflusszonen aufgeteilt; und sie setzten diesen Einfluss in immer neuen Formen der Einmischung in die Politik der formell unabhängig werdenden Länder durch. Eine dauernde Manipulation und anhaltende – auch militärische – Einmischung waren die Folge. 1948 entstand der Staat Israel; von den Menschen im Nahen Osten wahrgenommen als Produkt europäischer Gewalttätigkeit vergangener Jahrzehnte. Lediglich die Türkei konnte nach einem harten Befreiungskrieg ihre Unabhängigkeit erringen und an Respektabilität gegenüber den europäischen Mächten gewinnen. Auch Iran gelang es, sich der vollständigen imperialen Unterwerfung zu widersetzen; erst 1940 unternahm es Großbritannien im Hinblick auf die britischen Interessen im Zweiten Weltkrieg (in Abstimmung mit Russland), den Schah abzusetzen und seinen Sohn zum Nachfolger zu machen. Das britisch-amerikanische Interesse aber an dem Land blieb anhaltend stark.

Mit dem Ende des Zweiten Weltkrieges traten die USA als dominierende Macht in die Politik in dem und um den Nahen Osten als Nachfolger der europäischen Mächte in Erscheinung. Bezeichnend ist zunächst, dass die gewalttätige Einmischung Großbritanniens und Frankreichs in Ägypten im Jahr 1956 mit dem Ziel, die Verstaatlichung des Suez-Kanals rückgängig zu machen, nicht zuletzt am amerikanischen Widerstand scheiterte. Danach aber übte Washington eine strikte Kontrolle über die Region aus. Ziel war es zu verhindern, dass eine verstärkte Einflussnahme Moskaus diese globale Machtbalance gefährden würde. Zunehmend wurden die USA als Macht gesehen, die dem Freiheits- und Entwicklungsdrang der islamischen Völker im Nahen Osten und darüber hinaus im Wege stand.

Islamische Eliten haben auf die Herausforderung durch den Westen reagiert. Ein Modernisierungsprozess setzte ein, der – ausgehend vom Militärwesen – bald Teile der Verwaltung, des Rechtswesens, der politischen und gesellschaftlichen Verfasstheit sowie des Schul- und Ausbildungswesens erfasste. Mit der selektiven Verwestlichung waren Erwartungen verbunden, die Anpassung an die so offenkundig überlegene Seite werde die innere und äußere Resistenz in der Auseinandersetzung mit dem Westen stärken. Der Prozess der Verwestlichung verlief in unterschiedlichen Teilregionen der islamischen Welt mit unterschiedlicher Intensität. Insgesamt aber brachte er nicht die erhoffte Wirkung. Der Niedergang des Osmanischen Reiches in der Konfrontation mit europäischen Mächten setzte sich fort; und andere Teile der islamischen Welt etwa in Afrika, Zentralasien, Südasien und Südostasien gerieten immer tiefer unter die koloniale Herrschaft europäischer Mächte. Erst mit dem Ende des Ersten Weltkrieges setzten nachhaltige Bemühungen ein, die Unabhängigkeit von den kolonialen Mächten zu erringen. Diese freilich wurden von säkularen Eliten, die sich an einer weitgehenden Nachahmung westlicher Ordnungsvorstellungen orientierten, durchgesetzt.

Der unvollendete Erneuerungsprozess prägt Bewusstsein und Selbstbewusstsein zahlreicher Muslime in der Gegenwart. Sie haben sich ihren eigenen religiösen, kulturellen und wertemäßigen Traditionen entfremdet, ohne diese ganz aufzugeben. In einer Mischung von Erwartung und schlechtem Gewissen haben sie sich dem Westen geöffnet, ohne freilich die tiefgreifende Veränderung durchzumachen, aus der heraus die Dynamik Europas in der Neuzeit erwachsen ist. Ein Problem der Identität ist somit in weiten Teilen der islamischen Welt feststellbar: Die Verwurzelung in den Werten der Tradition wurde schwächer. Auch wenn der Islam weiterhin einen starken Orientierungsrahmen im religiösen und persönlich-gesellschaftlichen Leben des Muslims bietet, so hat er seine Rolle als essentiell sinn- und legitimationsstiftende Kraft in Staat und Gesellschaft weitgehend verloren. Auf der anderen Seite reflektieren die gesellschaftlichen und politischen Ordnungen in der islamischen Welt zwar Elemente moderner politischer Verfassungen; sie bleiben aber unvollkommene Nachahmungen westlicher Systeme, die nicht von der umfassenden Zustimmung des Bürgers getragen werden. Viele Muslime stehen also zwischen Tradition und Moderne – einer Tradition, zu der sie sich noch immer zurücksehnen, und einer Moderne, die als Nachahmung nur einen oberflächlichen Firnis darstellt. Nur ausnahmsweise – die Türkei ist ein Beispiel hierfür – hat eine tiefer greifende Modernisierung Platz gegriffen und überkommene Traditionen und Loyalitäten ersetzt. Aber selbst in diesem Falle ist nicht zu verkennen, dass noch immer viele Türken dem Westen misstrauen. Wird dieser sie wirklich als seinesgleichen annehmen? Entsprechende Zweifel sind im Verlaufe des Annäherungsprozesses zwischen der Türkei und der Europäischen Union immer wieder angemeldet worden. Tatsächlich war die Politik des Westens, Europas und der USA mit Blick auf die islamische Welt nicht von vorbehaltloser Offenheit und Aufrichtigkeit gekennzeichnet. Ein Interesse an umfassender Entwicklung in der islamischen Welt in Richtung auf Gleichstellung und Gleichberechtigung kann kaum festgestellt werden. Die Entstehung des Staates Israel und der Verlauf des arabisch-israelischen Konflikts sind symptomatisch für die Blockaden auf dem Weg wechselseitiger Respektierung und Annäherung.

Elemente der skizzierten Probleme im Verhältnis zwischen dem Westen und der islamischen Welt können auch in der Reaktion auf die Herausforderung anderer Kulturen und der mit ihnen verbundenen Religionen wiedererkannt werden. Die Heftigkeit der Reaktion aber, die gegen Ende des 20. Jahrhunderts zu einem virulenten religiösen Fundamentalismus geführt hat, muss aus der im islamisch geprägten Raum eigentümlichen Nähe von religiöser und gesellschaftlich-politischer Dimension gesehen werden, die den Islam kennzeichnet.

Das Aufeinanderbezogensein von Glauben und Gesellschaft wird in Koran 3, Vers 110 auf den Punkt gebracht. Dort heißt es: »Ihr seid die beste Gemeinde« (*kuntum khaira ummatin*). Dies ist nicht allein im Sinne religiöser Perfektion gemeint. Die »beste Gemeinde« muss auch in ihrer realen gesellschaftlichen und politischen Existenz ihre »Vollkommenheit« manifestieren. Das von Gott selbst gesprochene vollkommene Wort wird als Aufruf an den Gläubigen verstanden, die Vollkommenheit der Offenbarung auch im Zustand seiner Gemeinde (*umma*) sichtbar zu machen.

Über Jahrhunderte haben Muslime mit den Defiziten islamischer Staatswesen gelebt; immer wieder haben sie Kompromisse machen müssen und sich daran gewöhnt. Doch solange man gleichsam unter sich war, konnte man die Fehlentwicklungen ignorieren. Die Kreuzfahrer waren nach etwa zwei Jahrhunderten wieder aus der Region vertrieben; die Mongolen, die im 13. Jahrhundert weite Teile des islamisch geprägten Raumes verwüsteten und 1258 Baghdad, die Hauptstadt des Kalifats, zerstörten, nahmen schließlich den islamischen Glauben an. Anders verhält es sich mit der Gestaltung der Beziehungen zwischen der islamischen Welt und dem Westen seit dem 18. Jahrhundert. Ich habe bereits erwähnt, dass von Gleichheit und Gleichwertigkeit nicht mehr gesprochen werden konnte. Die islamische Welt war dem Westen unübersehbar nach- und untergeordnet.

Auch im beginnenden 21. Jahrhundert ist der Zustand der islamischen Welt zwischen dem Atlantik und dem Pazifik Lichtjahre von der Qualität jener islamischen Gesellschaft enfernt, zu der der Muslim aufgerufen ist. Politisch vom Westen dominiert, gesellschaftlich und wirtschaftlich von anhaltend schweren Krisen geplagt, von Regierungen geführt, denen Ansehen unter den Bürgern fehlt, sind weite Teile der islamischen Welt nur durch das Vorhandensein von Rohstoffen, insbesondere Erdöl und Erdgas »interessant«. Aber auch bei deren Ausbeutung und Verkauf sind sie den Gesetzen eines Marktes unterworfen, dessen Regeln nicht von den Produzenten selbst gestaltet werden. Die Unrast, die seit Anfang der 70er Jahre die Politik in der Region unter dem Stichwort des islamischen Fundamentalismus geprägt hat, ist wesentlich auch als Versuch zu bewerten, den Prozess des Verfalls aufzuhalten, zu Selbstbewusstsein und Selbstachtung zurückzufinden und das Gefälle zum Westen auszugleichen. Auch der Terrorakt vom 11. September kann in diesen Kontext eingeordnet werden, dessen Koordinaten zugleich religiöser und politisch-gesellschaftlicher Natur sind.

Vor dem Hintergrund der Gewalterfahrung durch den Westen ist der Terrorakt auch als Befreiungsschlag zu verstehen. Mangels anderer Handlungsspielräume vergewissert sich der Terrorist vor dem negativen Hintergrund seiner Geschichte wieder seiner selbst im Gewaltakt. Aus dem Gefühl der Verunsicherung sucht er seine Identität als Muslim und als Handelnder zurückzugewinnen. Die Religion, die ihn seine Machtlosigkeit schmerzhaft verspüren lässt, weil sie ihm eine ganz andere Vision von seiner Gemeinde eingepflanzt hat, als diese in der Gegenwart erscheint, gibt ihm zugleich die Rechtfertigung seines Handelns, wenn er den Text der Offenbarung nur »richtig« versteht. Auch weiß er um die mobilisierende und aufrüttelnde Wirkung der Tat, wenn er sie in die Dimension des Islams stellt. Die scheinbar unbezwingbare Vormacht des Westens, die USA als Motor einer Globalisierung, die dem Muslim als Verschwörung erscheint, hat sich als verwundbar entpuppt. Damit ist zugleich eine Perspektive auf Nachahmung eröffnet: Der Weg scheint frei, nunmehr daran zu gehen, die Geschichte zu revidieren und den Wiederaufstieg zu beginnen, der an seinem Ende die islamische *umma* zur »besten Gemeinde« werden ließe.

Im Gewaltakt werden die Ambiguitäten der Identität zwischen Tradition und Moderne zugunsten der Tradition geklärt. Die Entfremdung wird durch ein bedingungsloses »Bekenntnis« zum Islam überwunden. Der Westen mit seinen scheinbaren Verlockungen, die sich als Strategie erwiesen haben, den Muslim durch Entfremdung von seiner Religion zu schwächen, wird mit einem brutalen Schlag zurückgewiesen.

4. Menschenrechte angesichts doppelter Standards

In den skizzierten Kontext lässt sich auch die Problematik der Menschenrechte in der islamischen Welt einordnen. Von dem Standard ihrer Verwirklichung, der nach dem Zweiten Weltkrieg in westlichen Ländern gesetzt wurde, sind große Teile der islamischen Welt weit entfernt. Diese Feststellung ist naturgemäß zunächst von der Qualität der Regime in der Region nicht zu trennen. Darüber hinaus aber ist festzustellen, dass das in der religiös geprägten Tradition wurzelnde Verständnis des Menschen zwar auch Gemeinsamkeit mit dem westlichen Menschenbild, zugleich jedoch erhebliche und nachhaltige Unterschiede aufweist. Die vom Westen und den von ihm geprägten internationalen Organisationen ausgehende Herausforderung, Menschenrechte zu verwirklichen, trägt mithin zu der Verunsicherung und Identitätskrise bei, welche den Gesamtzustand der Gesellschaften in der islamischen Welt zwischen einer zum Teil verlorenen Tradition und einer noch nicht gewonnenen Moderne charakterisieren.

Gemeinsam ist für Christentum und den Islam die Grundauffassung von der Würde des Menschen. In beiden Religionen steht der Mensch im Mittelpunkt des Schöpfungsaktes. Allerdings tun sich dabei bereits unterschiedliche Akzentsetzungen auf: Die christlich-jüdische Schöpfungsgeschichte betont die Gottähnlichkeit des Menschen. Damit hängt die Forderung zusammen, sich die Erde »untertan« zu machen. Im Koran wird demgegenüber wiederholt die gleichsam physiologische Dimension herausgestellt: Der Mensch sei aus Erde (aus einem Samentropfen) geschaffen. Dieser bescheideneren Selbstauffassung des Menschen geht die Betonung des Menschen als »Stellvertreters« (*khalifa*) einher: Der Mensch ist der Sachwalter Gottes auf Erden; dann ist er ipso facto auf Allah als den Gesetzgeber und »Souverän« bezogen. Wie beim Verhältnis von säkularem und religiösem Raum, so sind die christlich und islamisch geprägten Räume auch beim Menschenbild unterschiedliche Wege gegangen. In Europa konnte sich der Mensch mit der Renaissance aus dem religiösen Raum emanzipieren. Seine Individualität wird betont; er entfaltet schöpferische Kräfte, die – wenn auch in menschlicher Dimension – der Schöpferqualität Gottes nahekommen. In islamischer Dimension dagegen ist menschliches Handeln von der Verantwortung vor Gott im Lichte des geoffenbarten Wortes geprägt.

Ihm bleibt er als »Stellvertreter« unterworfen. Die menschliche Individualität führt nicht zur Verabsolutierung des einzelnen und seines Ego. Der autonome Mensch, wie er sich insbesondere in der Neuzeit in Europa entwickelt hat und der sich nach einem verinnerlichten Sittengesetz verhält, ist für einen gläubigen Muslim schwer nachvollziehbar. Dieses Verständnis von Verantwortung steht der Auffassung von Freiheit entgegen, die sich in Europa ausgeprägt hat. Der sich verabsolutierende und freisetzende, mit unverrückbaren Menschenrechten ausgestattete Mensch, dessen Freiheit lediglich an der Freiheit des anderen seine Grenzen hat, hat in der islamischen Religion keinen Platz gefunden. Nirgendwo erkennt man eine Andeutung der faustischen Dimensionen der Selbstentfaltung und Selbstverwirklichung. Der moralische Imperativ Kants, nachdem der Mensch so handeln solle, dass die Maxime seines Handelns Grundlage einer allgemeinen Gesetzgebung sein könne, macht in islamischer Dimension wenig Sinn. Der Mensch ist insofern frei, als er durch Gott und dessen Wort sowie durch die Belange der Gemeinschaft Gottes in die Pflicht genommen wird, aus seiner freien Willensentscheidung heraus diese Pflicht wahrnimmt und akzeptiert.

Die kurzen Ausführungen über die Verschiedenheit des Menschenbildes sowie die Unterschiede im Dreieck von Mensch, Gesellschaft und Religion in Christentum und Islam lassen erkennen, dass in islamischer Perspektive das in Europa entstandene Konzept von Menschenrechten nicht problemlos nachzuvollziehen ist. Die Emanzipation des Menschen aus dem Raum der Religion ist einer der Grundtatbestände europäischer Geschichte. Die Entwicklung mündete in die Säkularität, auf der die politischen und gesellschaftlichen Ordnungen im Westen beruhen. Dass dem Menschen »an sich« Rechte außerhalb aller religiösen, gesellschaftlichen und kulturellen Kontexte zukommen, ist für einen Muslim nicht nachvollziehbar, für den der Zustand seiner Gesellschaft mit der Wirksamkeit religiöser Gebote untrennbar verbunden ist. Nach seiner Auffassung, nach der er Sachwalter (*khalifa*) Gottes in der Gemeinde ist, verbindet sich der Anspruch auf Rechte mit der Verpflichtung zu gottgewolltem Handeln in der und für die Gemeinschaft.

Nicht nur die grundlegenden Divergenzen machen die Verwirklichung der Menschenrechte im europäischen Sinne problematisch. Vielmehr hat auch die politische Praxis Europas in der Interaktion mit außereuropäischen Kulturkreisen die Menschenrechte nicht nur populär gemacht. Auch die Gesellschaften Europas sind in weiten Teilen erst nach dem Ende des Zweiten Weltkrieges zu einer – und noch immer unvollkommenen – Verwirklichung des Konzepts der Menschenrechte nach innen und nach außen übergegangen. Die Geschichte der Neuzeit hat ihre Dynamik nicht zuletzt aus einer Verbindung der Befreiung des Individuums mit der Expansion von Herrschaft erhalten. In den imperialen Unternehmungen innerhalb Europas selbst wie – vor allem – bei der imperialen und kolonialen Durchdringung weitester Teile der Welt in Afrika, Amerika und Asien sind Menschenrechte ignoriert bzw. teilweise dramatisch verletzt worden. Die Verachtung anderer Kulturen als »primitiv« oder – so gegenüber der islamischen Welt – »rückständig« war der Hintergrund einer *mission civilisatrice*, deren Ziel in der Verbreitung des europäischen Menschenbildes lag. Dass sich dahinter zugleich politischer Herrschaftswille und ökonomische Interessen auftaten, ist ein historisches Faktum. Auch in der Gegenwart noch ist der Vorwurf der »doppelten Standards« ein kontinuierlich gehörter Vorbehalt, sich dem europäischen Konzept des Menschen und der Menschenrechte zu öffnen. Ständig handele der Westen – Europa und die USA – gegen seine hochgehaltenen Prinzipien; die Verwirklichung westlicher Interessen und der Umgang mit Menschenrechten werden in ein und demselben Kontext gesehen. Im Falle der islamisch geprägten Nachbarschaft Europas, insbesondere des arabischen Raumes, tritt in diesem Zusammenhang der arabisch-israelische Konflikt ins Bild: Die Entstehung des Staates Israel zu Lasten des palästinensischen Volkes steht dem arabischen Anspruch auf politische Gerechtigkeit entgegen. Hinter der dominanten Rolle Israels in der Region wird – nicht völlig zu Unrecht – westliche Interessenpolitik, vor allem im Hinblick auf die Rohstoffe der Region, gesehen. Dass sich Israel mit Blick auf die Befolgung der Resolutionen internationaler Organisationen, insbesondere der UNO, in einem Freiraum befindet, wird als Beweis der »doppelten Standards« im Namen westlicher Interessen verstanden.

Im Übrigen war es mit der Verwirklichung der Menschenrechte auch im Inneren europäischer Staaten nicht weit her. Nur langsam entwickelten sich in den meisten unter ihnen demokratische Partizipationsformen; Rassismus und Intoleranz, Diskriminierung von Frauen, Spannungen und Feindseligkeiten zwischen religiösen Denominationen waren an der Tagesordnung. Im 20. Jahrhundert waren Nationalsozialismus und Kommunismus Ideologien von nachhaltiger Wirkung. Während ersterer die rassistische Intoleranz bis zur Auslöschung von Millionen von Juden und anderen »rassisch Minderwertigen« praktizierte, wurden im Einflussgebiet des letzteren von einer gesellschaftlichen und politischen »Avantgarde« mit »richtigem Bewusstsein« Millionen von Menschen im Namen der Verwirklichung einer klassenlosen Gesellschaft verfolgt. Erst nach dem Zweiten Weltkrieg (ergänzt durch den Zusammenbruch der Sowjetunion Ende der 80er Jahre) konnte sich in Europa eine politische Ordnung entfalten, die auf gemeinsam geteilten politischen Wertvorstellungen, in deren Mittelpunkt die Menschenrechte stehen, beruht.

Wenn oben von einem defensiven Selbstverständnis vieler Muslime in der Begegnung mit dem Westen die Rede war, so gilt dies auch für die Menschenrechte. Hochzeit eines islamischen Menschenrechtsverständnisses war die Epoche der frühen Entfaltung der islamischen Gemeinde unter dem Propheten und seinen unmittelbaren Nachfolgern. Die auf Gott bezogene Ordnung schien sich etabliert zu haben, und der Mensch nahm an der Aufgabe teil, sie zu verbreiten. Der Mensch als »Statthalter« war aufgerufen, die vollkommene Ordnung gemeinsam mit einer Führung zu etablieren, die auch ihrerseits in der Ausführung des Willens Gottes gemeinsam mit den Gläubigen ihre ihr von Gott gewiesene Aufgabe sah. Nie war die Welt für den Muslim so »in Ordnung« wie in jenen frühen Jahrzehnten der islamischen Geschichte. Bereits mit der ersten Dynastie, den Omayyaden, zeichnet sich das Dilemma ab, das das Verhältnis von Staat und »Bürger« bis in die jüngste Zeit kennzeichnen sollte. Herrschaft verselbständigte sich in hohem Maße gegenüber der Gesellschaft und legitimierte sich formal durch einen religiös-politischen Bezug auf das mehr und mehr nur noch schattenhaft fortbestehende Kalifat. Die Ausarbeitung des islamischen Gesetzes war die Antwort auf die Herausforderung durch den Staat. Jahrhundertelang haben die Rechtsgelehrten auf diese Weise ein differenziertes Instrumentarium der Fortentwicklung eines Rechts geschaffen, über das sich die Gemeinde der Gläubigen, wo immer zwischen Nordafrika und dem fernen Asien sie lebten, als islamisch identifizieren konnte. So durchzieht die Geschichte des Islams bis in die Gegenwart ein Gefühl des Schmerzes und des Leidens an der Geschichte, das bis heute in den Selbstdarstellungen der Muslime nur allzu spürbar ist. Mit dem Niedergang des Osmanischen Reiches und dem Druck Europas und der schließlichen Auflösung in eine Vielzahl nationaler Staaten haben die Staatsführungen, abgehoben von der Gesellschaft, in den meisten Fällen das Engagement ihrer Bürger nicht gefunden. Noch immer erscheint der mündige Bürger gegenüber den staatlichen Führern eher als eine Bedrohung als ein notwendiges Element der Legitimation politischer Herrschaft. Und noch immer suchen Herrschende in vielen Teilen der islamischen Welt die Entfaltung des Menschen zum Bürger zu verhindern.

Vor diesem Hintergrund steht die Wahrnehmung der Menschenrechte als eines grundlegenden Elements legitimer Staatlichkeit in doppelt schrägem Licht: Von Seiten der Herrschenden werden sie als ein Instrument des Westens gesehen, bestehende Herrschaften zu unterminieren, um in dem entstehenden Vakuum westliche Interessen verwirklichen zu können. Auf Seiten der »Bürger« wird die Kluft zwischen westlicher Rhetorik mit Bezug auf die Menschenrechte und der Politik in der Wirklichkeit wahrgenommen. Die selektive Verwirklichung diskreditiert den Anspruch auf unbedingte weltweite Geltung. Westliche Politik gegenüber Israel kommt Herrschern und Beherrschten als eine Bestätigung ihrer jeweiligen Wahrnehmung vor: Der jüdische Staat erscheint als der Brückenkopf der Verwirklichung westlicher Interessen in einer Region, die insbesondere aus wirtschaftlicher Perspektive existentiell ist. Die dort praktizierten »doppelten Standards« sind geeignet, auf beiden Seiten, Herrschenden wie Beherrschten, den Menschenrechten ihre Unbedingtheit zu nehmen. Erstere können darüber hinaus ihre Herrschaft durch das Argument rechtfertigen, solange der Konflikt mit Israel bestehe, seien straffe Staatsführungen zur Mobilisierung aller Ressourcen unerlässlich. Die »Bürger« sehen weithin eine geheime Konspiration zwischen den Herrschenden, Israel und dem Westen, um politischer »Stabilität« willen von der Einleitung tiefgreifender politischer Wandlungsprozesse in der islamischen Welt in Richtung auf demokratische Ordnungen Abstand zu nehmen.

Auch in dieser Hinsicht erscheint das Verbrechen vom 11. September als ein Befreiungsschlag. In ihm soll sich ein unbedingtes Engagement eines in den Parametern seiner Religion handelnden Muslims für seine Gemeinde (*umma*) manifestieren – ein *dschihad* (Einsatz), der die Entfremdung überwinden und wieder zu einer eindeutigen Identifikation zurückführen soll. Aus der Bedrängnis heraus, die im Zeichen überwältigender und zugleich nicht überzeugender, von außen herangetragener Wertvorstellungen steht, wird das Zentrum dieser Drangsal ebenso angegriffen wie die eigenen Regime, die mit diesem Zentrum der »Welt-Arroganz« konspirieren und von ihm her ihre Machtstellung absichern.

Das Verbrechen vom 11. September ist also nicht »dem Islam« immanent. Vielmehr bedarf es einer persönlichen Lesart und Interpretation der Religion im Lichte der gegenwärtigen, als unakzeptabel und unerträglich empfundenen Situation und einer Entschlossenheit, diese zu überwinden. Immerhin aber stellt der Islam die politischen Parameter grundsätzlich zur Verfügung, eine tiefe Krise durch Bezug auf die Religion zu »lösen«. Hinter dem Verbrechen verbirgt sich einmal mehr der von den Tätern als unauflöslich empfundene Zusammenhang zwischen der Religion einer- und dem politischen Raum, innerhalb dessen der Muslim lebt, andererseits. Zugleich stellt es den Reflex einer Gewalterfahrung über einen langen geschichtlichen Zeitraum dar, gegenüber der sich viele Muslime als Verlierer sehen. Die vom Westen propagierten Menschenrechte erscheinen vor diesem Hintergrund lediglich als eine weitere Variante eines alten Spiels, durch die Setzung seiner Regeln globale Dominanz zu erwerben.

5. Selbstkritik und der »Dialog der Kulturen«

Die Frage nach der Zukunft und insbesondere nach den Rahmenbedingungen, um zu verhindern, dass sich Gewalt auch weiterhin perpetuiert, verbindet sich mit der Frage, wie es gelingt, Gewalt in den Beziehungen abzubauen. Was geschieht, wenn die verbrecherische *Al-Qa'ida*-Organisation ausgeschaltet und das Regime der Taleban vertrieben ist? Wird sich der von Präsident Bush verkündete Kampf gegen den Terror als Kette weiterer Militäroperationen nach einer Agenda vollziehen, die in Washington gemacht wird; oder wird die Auseinandersetzung in die Dimension der Lösung politischer Krisen, aus denen heraus Gewalttätigkeit und Terror erwachsen, gehoben? In welcher Weise werden die kulturellen Verkrampfungen gelöst, die sich in der langen Kette unsäglicher historischer Begebenheiten eingestellt haben? Es fällt nicht schwer, die These aufzustellen, dass anhaltende Gewaltanwendung neue Gewalt aus dem Kontext des Islams heraus zeitigen wird.

Auf die politische Dimension kann an dieser Stelle nicht eingegangen werden. Entscheidend aber wird sein, sich um Lösungen jener Konfliktkonstellationen zu bemühen, aus denen heraus Gewalttätigkeit erwächst. Dies gilt für den palästinensisch-israelischen Konflikt ebenso wie für die Konflikte etwa in Kaschmir oder Tschetschenien; wo sich oppositionelle Gewalt gegen autokratische Herrschaftsstrukturen wendet, sollten Demokratisierungs- und politische Öffnungsprozesse eingeleitet werden. Die diesbezüglichen Perspektiven freilich sind eher skeptisch zu bewerten: Nach dem 11. September hat der Antiterrorkampf eine breite Allianz von Trittbrettfahrern gefunden (sie reicht vom israelischen Ministerpräsidenten Scharon über den russischen Präsidenten Putin, die chinesische Führung bis zu den autokratischen Regimen im Mittleren Osten und in Zentralasien), die den – erfolgreichen – Versuch gemacht haben, die Auseinandersetzung mit politischer Opposition in die Dimension der Bekämpfung des Terrors zu stellen. Dies aber ist in zweifacher Hinsicht bedenklich: Zum einen ist es ja die Verweigerung politischer Lösungen ethnischer, religiöser, politischer etc. Konflikte, aus der heraus Gewalt, auch terroristische, erwächst. Zum anderen scheint sich einmal mehr der Vorwurf der doppelten Standards insofern zu bewahrheiten, als der Westen seinen unablässig erhobenen Forderungen, die Menschenrechte zu respektieren sowie Konflikte und Differenzen in demokratischem Kontext zu lösen, zuwiderhandelt.

Im Lichte einer Vergangenheit, die die Beziehungen zwischen dem Westen und der islamischen Welt anhaltend belastet hat, gilt es nunmehr, Formen der Begegnung zu finden, die geeignet sind, die Last derselben abzubauen und eine Perspektive konstruktiver Begegnung zu schaffen. Damit ist der Einstieg in ein Unterfangen angedeutet, das nicht zuletzt mit Blick auf den 11. September als »Dialog der Kulturen« bezeichnet worden ist.

An seinem Beginn hat eine selbstkritische Einstellung zu stehen; erst sie ermöglicht es, die Ursachen der Fehlentwicklungen aufzudecken, um dann zu einer Begegnung zu kommen, die auf gleicher Augenhöhe stattfindet. Dabei haben beide Seiten viel aufzuarbeiten. Dies gilt zunächst für die islamische Welt. Als Ausgangspunkt sei die Wahrnehmung des 11. September in den Augen vieler Muslime genommen. Denn die Art der Berichterstattung ließ erkennen, wie weit diese – bis in die politischen, gesellschaftlichen und kulturellen Eliten hinauf – einen Minderwertigkeitskomplex verinnerlicht haben. Das Attentat vom 11. September könne kein Muslim verübt haben; niemand in der islamischen Welt besitze die organisatorischen Kapazitäten und Qualitäten, eine so komplexe Tat zu planen und durchzuführen. Ipso facto war diese Selbsteinschätzung der Einstieg in die Verschwörungstheorie: Am Ende kam man wieder auf Mossad und CIA; die Vermutungen hinsichtlich der Motivation waren vielfältig und abenteuerlich – letztendlich ging es wesentlich wieder darum, Rechtfertigungen für die anhaltende Dominanz über die islamische Welt zu finden. Diese Einstellung ist symptomatisch für die Schwierigkeiten zahlloser Muslime zwischen Nordafrika und Indonesien, die Welt und ihre Realitäten zu sehen, wie sie sind. Der Mangel an Realitätssinn aber muss als eine der schwerwiegenden Ursachen dafür angesehen werden, dass sich die islamische Welt der Gegenwart und ihren bestimmenden Faktoren bis heute nicht wirklich gestellt hat. Teils wich man aus, indem man in der Tradition Zuflucht suchte; zum Teil war man geneigt, alle Fehlentwicklungen und Unannehmlichkeiten der Gegenwart einem Komplott des Westens zuzuschreiben. Als letzte Form der Konspiration erschien und erscheint schließlich vielen die Globalisierung. Unfähig, sich der Moderne zu öffnen und die damit verbundenen Chancen und Risiken zu bewerten, wird die Globalisierung als eine Strategie des Westens wahrgenommen, die ohnehin schwache wirtschaftliche Basis der islamischen Welt weiter zu unterminieren und begleitet von dem Oktroi westlicher politischer Wertvorstellungen seine Dominanz zu perpetuieren.

Ein unbefangenes Verhältnis zur Moderne einzunehmen, wäre der erste Schritt, sich realistisch mit den bestimmenden Kräften der Gegenwart auseinanderzusetzen. Muslime müssen in eine offene Diskussion mit Blick auf jene universalen Tatbestände und Wertvorstellungen eintreten, die die Welt des beginnenden 21. Jahrhunderts bestimmen. Die Tatsache, dass diese nicht aus der islamischen Kultur selbst hervorgegangen sind, mag man schmerzlich empfinden; dies sollte aber nicht davon abhalten, sich mit jenem Teil der Welt offen und konstruktiv auseinanderzusetzen, von dem nun einmal auf absehbare Zeit die gestaltenden Entwicklungsmpulse ausgehen. Die vielfach bestehenden Tabus zu universalen Prinzipien, die abwehrend als mit dem Islam nicht vereinbar abgestoßen werden, müssen fallen. Erst an diesem Punkt entsteht eine fruchtbare Spannung zwischen einer unausweichlichen Universalität auf der einen und berechtigten Bemühungen auf der anderen Seite, der Moderne in den eigenen kulturellen und religiösen Traditionen ihren Platz zu geben. Islamische Kultur und Religion sollten nicht länger als Ort der Zuflucht vor einer als bedrängnisvoll empfundenen Gegenwart betrachtet werden. Muslime sollten wahrhaben, dass Religion und Tradition ihre Stärke nur entfalten, wenn sie sich selbst an der Realität wandeln und ausbilden. Ein Ort, wo wichtige Schritte in diese Richtung unternommen worden sind, ist die Islamische Republik Iran unter Präsident Mohammed Khatami. Bei seinem Besuch in Weimar im Juli 2000 hat er die Auseinandersetzung zwischen Tradition und Moderne am konkreten Beispiel der Islamischen Republik Iran festzumachen versucht: »Die neue religiös-gesellschaftliche Ordnung wurde im Iran etabliert, um auf die sich immer erneuernden Bedürfnisse und Fragestellungen des heutigen Menschen Antworten zu finden«. Es gehe um »die Etablierung der Volksherrschaft im Einklang mit den traditionellen geistig-religiösen Grundlagen der Gesellschaft mit gleichzeitiger Entwicklung einer modernen Zivilgesellschaft«. Grundsätzlich führte er aus: »Solange Tradition und Moderne sich als absolut betrachten und sich selbst als das absolut Gute und die Anderen als das absolut Böse bezeichnen, solange können sie weder sich selbst noch das Andere erkennen. In unserer Welt ist die Kritik der Tradition ebenso unvermeidbar wie die Kritik der Moderne. Doch die Kritik der Tradition ist nicht ohne Kenntnis der Tradition, und die Kritik der Moderne nicht ohne Kenntnis ihrer Grundlagen und Ansätze möglich. Wir können uns weder der Tradition noch der Moderne unterwerfen, aber auch nicht die eine der anderen opfern.«

Führt das Gefühl der Verunsicherung bei zahlreichen Muslimen zu einem gestörten Verhältnis zur Realität, so liegt der Mangel an Respekt im Westen an der Wurzel eines gestörten Verhältnisses zu Angehörigen anderer Kulturen, insbesondere der islamischen Welt. Das Selbstgefühl des Westens macht sich an der Tatsache der vollständigen Befreiung des Menschen aus allen seine Autonomie begrenzenden Kontexten fest. Die Verleihung von Menschenrechten an sich – vor allem auch außerhalb eines jeden religiösen Kontextes – erscheint als der vollkommenste Ausdruck der Menschenwürde. Freiheit ist total und findet nur in der Freiheit des anderen ihre Begrenzung. Nachdrücklicher hat noch keine Kultur den Menschen in den Mittelpunkt des Universums gerückt. Von der Höhe seiner Errungenschaft aus erscheint dem westlichen Menschen das Menschenverständnis anderer Kulturen als unzureichend oder »mittelalterlich«. Dabei hält man sich viel auf »Toleranz« zugute: Dies freilich ist eine Einstellung, die die andere Seite »erträgt«, ohne sie als im Prinzip ebenbürtig zu akzeptieren. Daraus folgert die Forderung, dass andere Kulturen ihre »Hausarbeit« zu machen hätten, das Menschenbild zu revidieren und es auf den Stand des westlichen Konzepts vom Menschen zu bringen. Eine derartige Einstellung wird außerhalb des Westens nicht nur als arrogant empfunden; vielmehr hängt damit auch eine Politik zusammen, die nicht geeignet ist, der – in unserem Zusammenhang – Islamischen Welt ihre nicht unbegründeten Komplexe zu nehmen. Ungezügelte Macht- und Interessenpolitik ist die andere Seite der Auffassung von absoluter kultureller Überlegenheit. Der Westen setzt die Agenda; der Rest der Welt hat sich an ihr zu orientieren. Was den Kampf gegen den Terrorismus betrifft, so hat Präsident Bush die Losung ausgegeben und zugleich deutlich gemacht: »Wer nicht für uns ist, ist gegen uns«. Die hier zum Ausdruck kommende Bestimmtheit ist verräterisch. Der Akt vom 11. September ist auch in der islamischen Welt weithin verurteilt worden. Auch die Mehrheit der Muslime ist – wie die Mehrheit der Menschen im Westen – gegen den Terror. Dass man sich aber gleichwohl nicht hinter Amerika im Sinne der »Terrorbekämpfung« einreihen muss, versteht sich angesichts der eigentümlichen politischen, gesellschaftlichen und kulturellen Verhältnisse im islamischen Raum und in anderen Kulturen. Hinsichtlich des Verständnisses von »Terror« und »Terrorismus« bestehen signifikante Unterschiede; und zur Beseitigung des Nährbodens des Terrors ist an vielen Orten, an denen Terror und Gewalttätigkeit begangen werden, Politik das wirksamste Mittel seiner »Bekämpfung«.

Der Westen muss selbstkritisch erkennen, dass der Respekt vor anderen Kulturen die komplementäre Dimension der globalen Verbreitung »seiner« Moderne ist. Dies gilt in besonderer Weise für den im Hinblick auf die eigene Stellung in der Welt so sensiblen islamischen Raum. Die Einsicht, dass bei allen Unterschieden der Stellung von Kulturen und Zivilisationen in der Welt die Menschen aller Kulturen und Religionen ein Recht auf die Gestaltung ihrer eigenen gesellschaftlichen und politischen Ordnung, ihrer Wertesysteme und geistigen Grundlagen ihrer Ordnungen haben, ist die essenzielle Basis eines friedfertigen Auskommens zwischen dem Westen und anderen Kulturen und Zivilisationen. Politisch bedeutet das für den Westen mehr Bescheidenheit und das Angebot auf Partnerschaft. Respekt für andere Kulturen verbindet sich schließlich mit einer ehrlichen Einschätzung der eigenen Geschichte. Das Wort des italienischen Ministerpräsidenten Silvio Berlusconi nach dem 11. September, die westliche Kultur sei der islamischen überlegen, ignoriert, dass über weite Teile des 20. Jahrhunderts – nicht zuletzt in Deutschland – die »westliche Kultur« tiefste Schatten erfahren hat. Wer hätte angesichts der nationalsozialistischen Greueltaten auf die Idee kommen können, die deutsche Kultur, Teil der »westlichen«, sei der islamischen überlegen. Der Dynamik des »Plattmachens« im Namen der höchsten Errungenschaft des Menschenbildes im Westen hat Jürgen Habermas einen bedeutungsvollen Kontrapunkt entgegengesetzt. Anlässlich der Verleihung des Friedenspreises des Deutschen Buchhandels sagte er am 14. Oktober 2001 in der Frankfurter Paulskirche: »Eine Säkularisierung, die nicht vernichtet, vollzieht sich im Modus der Übersetzung. Das ist es, was der Westen als die weltweit säkularisierende Macht aus seiner eigenen Geschichte lernen kann. Sonst wird der Westen auch der Arabischen Welt nur als Kreuzritter oder als Handelsmacht erscheinen.« Wo es um die Moderne geht, geht es naturgemäß nicht unwesentlich auch um »Säkularität«. Diese in Europa eingeleitete Trennung von politischem und religiösem Raum, die dem europäischen Menschenbild zugrunde liegt, kann aber der islamischen Seite, die ihre Einstellung zur Moderne noch immer sucht, nur behutsam vermittelt werden. Dabei geht es nicht um ein Entweder-Oder. Vielmehr bleibt der Urtext bestehen – und dieser ist religiöser Natur. Es gilt, ihn zu »übersetzen« in die Parameter einer Gegenwart, in der individuelles und gesellschaftliches Leben allein in religiösen Koordinaten nicht mehr möglich ist. Dabei bleibt der religiöse Urtext aber erhalten und auch der Referenzpunkt für den »übersetzten« Text. Oder anders – die Tradition bleibt der Referenzpunkt des Verständnisses von Moderne in nicht-westlichen Kulturen.

6. Der Frieden als Aufgabe der Religionen

Die Worte von Habermas machen darüber hinaus aber deutlich, dass auch in einer modernen und weithin auf Säkularität gründenden Welt das Thema der Religion in der Gesellschaft gestellt bleibt. Und so lässt sich im Dialog mit der islamischen Welt religiöse Sinngebung nicht ausblenden; er wird sich zwischen Säkularität und religiöser Sinngebung bewegen. Wenn die Vorzeichen nicht trügen, könnte davon auch die nicht-muslimische Welt Impulse erfahren, über den Stellenwert der Religion im politischen und gesellschaftlichen Leben erneut nachzudenken. Vielleicht ist es kein Zufall, dass gegenwärtig Papst Johannes Paul XXIII eine besonders engagierte – und besonders profilierte – Rolle in diesem Dialog spielt, in den mittel- oder unmittelbar die Frage nach der Religion hineinreicht. In seinen Besuchen im Vorderen Orient und seinen Treffen mit muslimischen Religionsgelehrten hat er den ersten wichtigen Schritt zur Herstellung von Vertrauen und Glaubwürdigkeit getan: Er hat sich für die Untaten, die im Namen der Religion in der Vergangenheit Muslimen zugefügt worden sind, entschuldigt. Damit und in der Attitüde von Demut und Respekt für die Gläubigen einer anderen Religion hat er für die Einleitung des Dialogs wohl mehr erreicht als mancher Politiker, der mit der Flagge der universalen Geltung im Westen erfundener Werte daherkommt. In seiner Haltung, in der er auf den Dialogpartner zugeht, erinnert er an den iranischen Präsidenten Mohammed Khatami, der in seiner bereits zitierten Weimarer Rede zum Thema »Dialog« ausführt: »Die Erkenntnis des ›Anderen‹ geht mit der Selbsterkenntnis einher. Die Erkenntnis des Anderen macht uns bewusster über uns selbst, und die Selbsterkenntnis verstärkt wiederum unsere Erkenntnis über das Andere, denn in der Welt der Menschen gibt es im Gegensatz zur Welt der Dinge kein absolutes ›Anderssein‹«.

Tatsächlich bedingt die Notwendigkeit des Dialogs neue Paradigmen der Argumentationsmuster. Sie führen weg von der wechselseitigen Aufrechnung der vom jeweiligen Dialogpartner gegenüber dem anderen wahrgenommenen Unzulänglichkeiten. Es mag zwar verständlich sein, dass nach dem 11. September 2001 jene wieder hervorgetreten sind, die schon immer auf Züge des Islams hingewiesen haben wollen, die mit Intoleranz und Unfriedlichkeit zu tun haben. Während sie die Offenbarung des Islams in die Dimension von Militanz rückten, die insbesondere mit der Bekämpfung der »Ungläubigen« zu tun hat, wurde nicht selten zugleich der friedliche Charakter des Neuen Testaments betont. Nun sind derartige Verse tatsächlich nicht wegzuargumentieren – gleichwohl aber ergibt sich aus diesem Argumentationsstrang eine schiefe Perspektive: »Dem Islam« als religiös gegründetem geographisch-politischen Raum wird »der Westen« als säkular zivilisatorische Größe gegenübergestellt. An dieser Stelle aber muss ein Umdenken einsetzen, wenn im Dialog die Grundlagen für ein friedliches Nebeneinander entstehen sollen. Dies auf zweifache Weise:

- Zum einen sollte sich »der Westen« als moderne Erscheinungsform des »christlichen Abendlandes« – gewissermaßen als dessen säkularisierte Erscheinungsform – verstehen. Dann wird man durchaus dahin gelangen, von den Untaten dieses »Westens« an der Menschheit in der Neuzeit durchaus auch das Christentum nicht freizusprechen – hat es doch nicht vermocht, den Menschen im geographischen, religiösen und kulturellen Orbit des Christentums nach den Werten und Verhaltensweisen, wie sie u.a. in der Bergpredigt dargelegt werden, zu formen. Es ist nicht gelungen, Humanität wirkungsvoll und glaubhaft an die Stelle des Neuen Testaments und seiner menschlichen und gesellschaftlichen Botschaft treten zu lassen. Wenn also in neuerer Zeit keine monströsen Verbrechen im Namen des Christentums begangen worden sind, so geschahen sie doch im vom Christentum geprägten Raum.

  Aus einer derartigen Erkenntnis wird eine Attitüde der Bescheidenheit erwachsen; das bereits zitierte Wort des italienischen Ministerpräsidenten Silvio Berlusconi wird vor diesem Hintergrund besonders fragwürdig.
- Zum anderen gilt es, im Zeitalter eines globalen Neben- und Miteinanders eine neue Form der Wahrnehmung vom jeweils anderen zu finden. Religionen und Offenbarungsschriften sollten nur noch insoweit Bedeutung haben, als sie ein friedliches Nebeneinander zu stiften geeignet sind. Sie sollten als Glauben von Menschen verstanden werden, die ernsthaft und entschlossen friedenswillig sind. Auf der Grundlage eines so verstandenen Wesens von Religion könnten die Anhänger aller Religionen auf Frieden hinarbeiten. Als politische Institution, innerhalb derer die Grundlagen und Regeln einer von

allen Kulturen und Religionen getragenen und auf Frieden orientierten Politik und Ordnung festgelegt werden, käme den Vereinten Nationen gesteigerte Bedeutung zu. Die Bekämpfung von Terror würde so zu einer gemeinsamen Aufgabe *aller* Gläubigen, welcher Religion immer.

Auf einer solchen Grundlage könnten die Beziehungen zwischen dem Westen und der islamischen Welt neu gestaltet werden. Über einen langen geschichtlichen Zeitraum waren sie von der Erfahrung von Gewalt geprägt, die wesentlich von politischen Akteuren im Westen ausgegangen ist. Der 11. September ist ein weiterer Höhepunkt einer Entwicklung, innerhalb derer Gewalt Gegengewalt erzeugt hat. Die Zukunft soll demgegenüber anders aussehen. Die Begegnung mit dem Islam muss dergestalt sein, dass sie das Bild eines »Westens« vermittelt, dem daran gelegen ist, die Interaktion mit der islamischen Welt auf die Grundlage von Gerechtigkeit und Partnerschaftlichkeit zu stellen. Der »Dialog der Kulturen« (»Dialog Westen-Islam«) wäre dann die Fortführung der Verbrechensbekämpfung mit anderen Mitteln. Nur auf solcher Grundlage gewinnt der Westen die islamische Welt für den »Kampf um die Kultur« (so Bundeskanzler Gerhard Schröder in seiner Regierungserklärung vom 19.9.2001), ohne den Eindruck zu erwecken, es gehe ihm letztlich wieder einmal um »seine« Kultur. Wenn mit dem Bundeskanzler der Terror in der »Verletzung der Werte der Menschenwürde, der Freiheit, der Toleranz und des friedlichen Interessenausgleichs« verstanden wird und der Westen dabei seine eigene Politik kritisch mit meint, wird es zu einem gemeinsamen Verständnis von Terror kommen. Der 11. September wird dann von allen als Verbrechen ohne Wenn und Aber verurteilt. Und Verbrechensbekämpfung würde nicht länger die perverse Dynamik hin zu einem »Zusammenprall der Kulturen« lostreten. In solch einer langfristigen Perspektive und bei einer Politik mit Vision und langem Atem könnte schließlich der 11. September 2001 sogar als heilsamer Schock erscheinen.

VSA: Zukunft des Friedens?

Ein Studienbuch
984 Seiten; € 50,20
ISBN 3-87975-759-3
»Dieses Werk ist eine Fundgrube für alle, die bei der Bewertung des internationalen Geschehens der Gegenwart nicht nur ihren Vorurteilen frönen wollen... Mit einem Ausblick auf die Zukunft des Völkerrechts beenden die beiden Autoren ihre Ausführungen, die übrigens in einem auch für Nichtjuristen verständlichen Deutsch geschrieben sind.« (Neues Deutschland)

Prospekte anfordern!

VSA-Verlag
St. Georgs Kirchhof 6
20099 Hamburg
Tel. 040/28 05 05 67
Fax 040/28 05 05 68
mail: info@vsa-verlag.de

208 Seiten; € 13,80
ISBN 3-87975-793-3
»Die Stärke dieser Streitschrift liegt in der Vielfalt der Themen, in dem Bogen, der gespannt wird, von der sich wandelnden Nato Stategie über die militärische Nutzung des Weltraums bis hin zur Bundeswehrreform im engenen Sinne.« (Deutschlandfunk)

Norman Paech/Eckart Spoo/
Rainer Butenschön (Hrsg.)
Demokratie – wo und wie?
224 Seiten; € 16,50
ISBN 3-87975-849-2
Ein Buch über die Krise der Demokratie; es basiert auf Vorträgen und Diskussionen während des gleichnamigen Kongresses vom 26. bis 28. Oktober 2001 in der HWP – Universität für Wirtschaft und Politik in Hamburg.

http://www.vsa-verlag.de

VSA: Eine andere Welt ist möglich

Hrsg. von der Otto Brenner Stiftung
160 Seiten; € 12,80
ISBN 3-87975-846-8

Hans-Ulrich Deppe/
Wolfram Burkhardt (Hrsg.)
Solidarische Gesundheitspolitik
Alternativen zu Privatisierung und Zwei-Klassen-Medizin
200 Seiten; € 15,50
ISBN 3-87975-847-6

Hrsg. von Attac Deutschland
168 Seiten, mit Fotos, € 8,-
ISBN 3-87975-845-X

Joachim Hirsch
Herrschaft, Hegemonie und politische Alternativen
240 Seiten; € 15,50
ISBN 3-87975-858-1

Nicos Poulantzas
Staatstheorie
Politischer Überbau, Ideologie, Autoritärer Etatismus
Mit einer Einführung von Alex Demirovic, Joachim Hirsch und Bob Jessop
260 Seiten; € 18,-
ISBN 3-87975-857-3

VSA

Prospekte anfordern!

VSA-Verlag
St. Georgs Kirchhof 6
20099 Hamburg
Tel. 040/28 05 05 67
Fax 040/28 05 05 68
mail: info@vsa-verlag.de

www.vsa-verlag.de